澤井陽介の

社会科の授業デザイン

文部科学省教科調査官
澤井陽介

東洋館出版社

はじめに

社会科の授業に懸命に取り組んでいる先生方に自信と勇気をもってほしい、そして、先生方の努力が世の中に広く知られ、社会科の大切さや楽しさが広がってほしい、そんな願いをもって本書を書きました。

現在、都市部を中心として急増している若手の先生方に「社会科は好きでしたか?」と聞くと、だいたい残念な答えが返ってきます。なかには「好きでした」と回答してくれる先生もいますが、理由を聞くと、「覚えるのが好きだったから…」。大学生に質問しても、似たような答えです。

実を言うと、私自身もそうしたひとりでした。教員になり、先輩方の優れた授業を見るまでは、社会科の授業のイメージはつまらないものでした。保護者の方々もきっとそうでしょう。

でも、本当の社会科の授業はそうではありません。子供が問い、調べ、考え、表現する。話し合い、つなぎ合い、問題を解決する。その過程で知識を身につけ確かな理解につなげる。そんな授業がたくさんあるのです。

授業参観などで、本当の社会科授業を観た保護者は、みな口々に「自分もこういう授業を受けたかった」と言います。
これから求められる「アクティブ・ラーニング」は、協働的な学びの過程を通じて、子供の主体的な問題解決をより豊かに実現する学習であり、まさに本書で紹介する社会科の実践そのものです。

社会科は、戦後に生まれた比較的新しい教科です。社会科の授業を創り上げてきた先生方は、自分が教わったことのない授業、モデルのないところから研究を積み重ね、実践を繰り返してきました。ですから、社会科に対する熱い思いや願いがあるのです。その一方で、社会科の授業が自分の思うようにいかないと悩んでいる先生は多いと思います。

私は研究者ではありませんから、その変遷や経過を学問的な見地から詳しく述べることはできません。しかし、仕事柄多くの先生方の授業を見る機会に恵まれています。ですから、リアルな授業の様子やよさを伝えていくことはできます。

これから社会科をちょっと研究してみようかな、社会科の授業はむずかしくて困るな、という先生方にぜひ読んでもらいたいと思います。昨日までの授業を少し変えてみたいという気持ちになってくれれば幸いです。

特に、社会科の研究会に参加すると、女性の先生方が少ないことに気づきます。これからの社会科には女性の先生方の目線や感性が不可欠です。ぜひ、この本を読んで、社会科の授業への関心を高めてほしいと思います。欲を言えば、社会科の研究会に参加してほしいです。

本書は他の本と異なり、かなり言葉を「砕いて」書いてみました。そのため、読みにくい面がある点はどうぞご容赦ください。その反対に、読者の皆様の心に少しでも届けば幸いです。

本書をまとめるに当たって、多くの先生方の実践の様子、写真などを紹介しています。たくさん紹介しており詳しく取り上げていないことから、都道府県名や市町村名にとどめて、個人名を挙げていない点についても何とぞご容赦ください。社会科授業に懸命に取り組む先生方の力を結集した本だと思っていただけると幸いです。

最後になりましたが、本書の出版にあたっては、東洋館出版社の編集部の皆様、特に担当してくださった高木聡氏に多大なご助言、ご支援を賜りました。こうした機会をいただいたことも併せて、この場をお借りしてあらためてお礼申し上げます。

平成27年3月吉日　澤井陽介

目次

第2章 社会科に親しむ、もっと楽しむ基礎知識

第3章 ついついやってしまいがちな社会科授業の「ある、ある」

第4章　社会科授業の4つのデザイン

序章
ある日の授業より

小学校の教室（福島県の授業）

5年2組。5時間目は社会科。
授業開始のチャイムがなると、授業のはじまりの挨拶。
A教諭は、電子黒板のスイッチを入れ、映像を流しはじめる。
映像は、休みの日にA教諭が自分の足で歩いて撮影したもの。
まず、A教諭が口火を切る。

教諭「石を積み上げたようなものが映っているよね。これは何だろう？」**（資料1）**
2人ばかり、自信なさげに手を上げる。
A児「お城の壁？　その跡じゃない？」
A教諭は、映像と発言者を何度か交互に見る。
教諭「ほかのみんなは、どう思う？」
B児がA児の発言に疑問を投げかける。

資料1

B児「お城の壁にしては、ちょっと低いかも…」
考え込む子供たち。次第に、自分の思いつきを発言しはじめる。
C児「土砂崩れで流れた岩や石かな？」

資料2

D児「でも、とてもきれいに積まれている感じがするなあ」
E児「うんうん。ただ流れてきた岩とか石ではないんじゃない？」
次から次へとさまざまな予想。そのうちに、F児が笑顔で手を上げる。
F児「堤防だと思います！」
この発言を受けて、教室内の多くの子供が、「なるほど」という顔をしてうなずく。
A教諭は、「そうかもしれないね」と言って、動画の続きを見るよう子供たちに促す。すると、それまで発言しなかったG児が「あっ」と小さな声を上げて手を上げる。
G児「もう過ぎちゃったけど、その堤防、途中が切れてたよ」
A教諭は動画を巻き戻し、堤防が切れている箇所で一時停止（**資料2**）。
教室一同「あぁ、ほんとうだ！」
G児「切れていたら、堤防にならないじゃん」

教諭「どうして、切れていると堤防にならないのかな？」
G児「だって、そこから水が溢れてきちゃうから」
H児「Gさんの意見につけ足しです。堤防は、水害から守るために造るものです。途中で切れていると、洪水が起きたら、みんなを守れないから」
教諭「GさんやHさんの意見に賛成の人？」
ほとんどの子が手を上げる。なかには、考え込む様子で動画を見つめる子もいる。
教諭「これは本当に堤防なのかな？」
クラスのほぼ全員が、うなずくような動きをする。
教諭「じゃあ、堤防なのに、こんな切れ目があるのはどうしてだろう？」
A教諭は、そう言って、切れ目がよくわかる拡大写真を提示。
I児「壊れてるんじゃない？」
J児「石が足りなかったとか？」
D児「違うよ。壊れていたり、石が足りなかったりしたのなら、切れ目がもっとごつごつしてるはず。こんなにきれいな切れ目なはずがない」
K児「だとしたら、わざと切れ目を入れているってことだよね？」
子供たちからの発言が出尽くした後、A教諭は、頭の中が「?」でいっぱいな顔つきをした子供たちの様子を確認し、1枚の古い地図を提示。

教諭「この地図には、昔のこの地域の様子が描かれています。何か気づいた人はいませんか？」

はっとした何人かが手を上げる。

L児「切れ目が一つじゃない！」

教室一同「おぉぉぉっ、ほんとだ、たくさんある」とどよめき。

教諭「みんなが予想したとおり、今日見てもらった映像は堤防です。でも、みんながよく知っている堤防とはちょっと違いますね。切れ目がいくつもある堤防です。でも、Hさんが言っていたように、堤防は水害から守るためのもの。それなのに、いくつも切れ目がある。なぜだろう」

班ごとに分かれて、グループ討議。子供たちの頭のなかは不思議で一杯。どんなことでも思いついたことを言いたくて仕方がない様子。

教諭「時間です。考えたことを班ごとに発表してください」

1班「昔の堤防だから完璧につくれなかったんじゃないかという意見になりました。岩や石が足りなかったとか…。それでも全然ないよりはいいから」

2班「まとまらなかったんですけど、わざと切れ目を入れているなら、それによってよいことがあるはず。出入りとか水門みたいな…」
教諭「いろいろな意見が出ましたね。それでは、自分たちの予想が合っているか、調べてみましょう」

A教諭が、次に子供たちに見せたのは、霞堤の仕組みを表わしたイラスト（**資料3**）。霞堤は、河川堤のひとつ。戦国時代に武田信玄によって考案されたものだといいます。連続する堤ではなく、間に切れ目を入れた不連続の堤防であることが特色。浸水を予想されている遊水地で、それにより洪水時の増水による堤への一方的負荷を軽減し、決壊の危険性を少なくしたと言われます。

また、霞堤の優れた点として、洪水で運ばれる土砂は、もともと上流の山林で形成された肥沃な土壌であり、それをそのまま下流に流すことなく、営農区域に蓄積する機能を有したとも言われます。

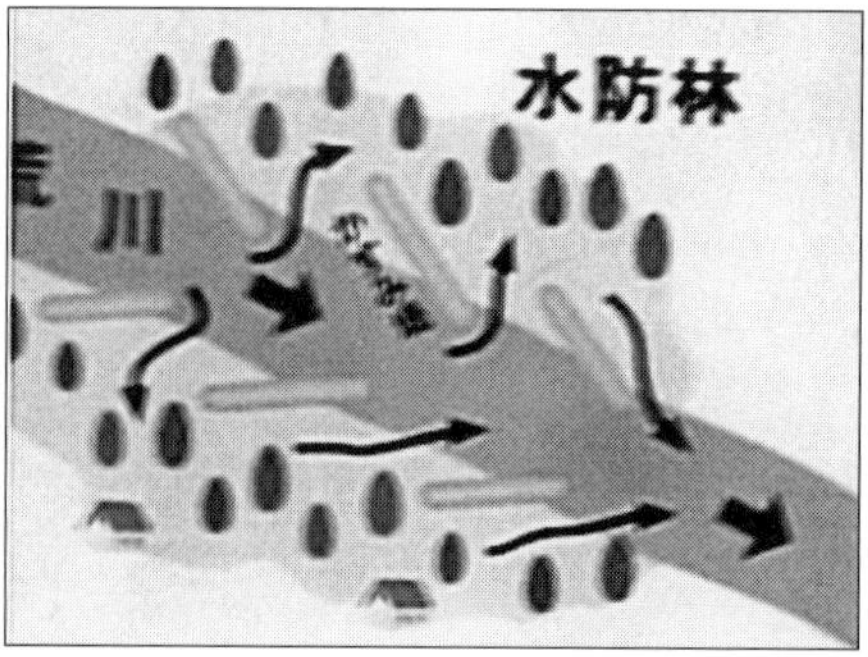

資料3

栃木県氏家町にはかつて霞堤があり、洪水時には霞部分から土砂を含んだ濁流が大量に農地に流入しました。そこで、霞部にマダケを密に植栽した水害防備林を造成し、洪水時には土砂を竹林内に沈殿させ、水だけを流して被害を軽減した実績があります。

A教諭が示したイラストをヒントに、水防林の存在や、一部土地のダム化などの情報を子供たち自身が調べていきます。調べ学習を通して、子供たちからさまざまな意見が飛び交います。

「切れ目があるのに、家に被害が及ばない」

「湿地帯のようにしている」

「洪水の力を弱めるダムのような場所だ」

「水が川に戻るように工夫されている」

子供たちが学んでいるのは、霞堤という堤防の種類や仕組みについてだけではありません。彼らが真に学んでいるのは、自分たちと同じ日本人が生み出した知恵そのものです。霞堤という社会的事象を通して、その意味を「自然災害から人々の暮らしを守るための先人の知恵や苦心」として学ぶのです。

A教諭の授業では、グーグルアースを活用します。

電子黒板には、近代的な現在の堤防の画像が表示されます。

こうして新たにつくられた堤防には、何と霞堤の知恵がそのまま生かされているのです（**資料４**）。ここで、「先人の知恵は今の社会にも生かされている」という社会的事象の意味が加わります。

さらに地図上でズームアップすると、全貌が見えます。子供たちは「お〜！」と歓声を挙げ、「上流と中流とが、下流の被害を分け合っているように見える」などと感想を述べます。

かつて自分たちのご先祖様が生み出した知恵は、近代化の波に晒されても、色褪せるどころか、むしろ主要な、生きて働く技術として受け継がれている。こうしたことが子供たちの学びを深め、のみならず感動を与えているのです。

日本は災害大国。私たち日本人は自然とともに生きてきた。しかし、自然を破壊するのではなく共生する道を選んだ。だからこそ、自然の恵みはもちろん、災害さえもみんなでシェアしながら被害を減らし合った。

これが本授業のまとめであり、A教諭が子供たちに伝えたかったメッセージです。

こうした１つの授業からも、社会科の授業づくりのヒントを

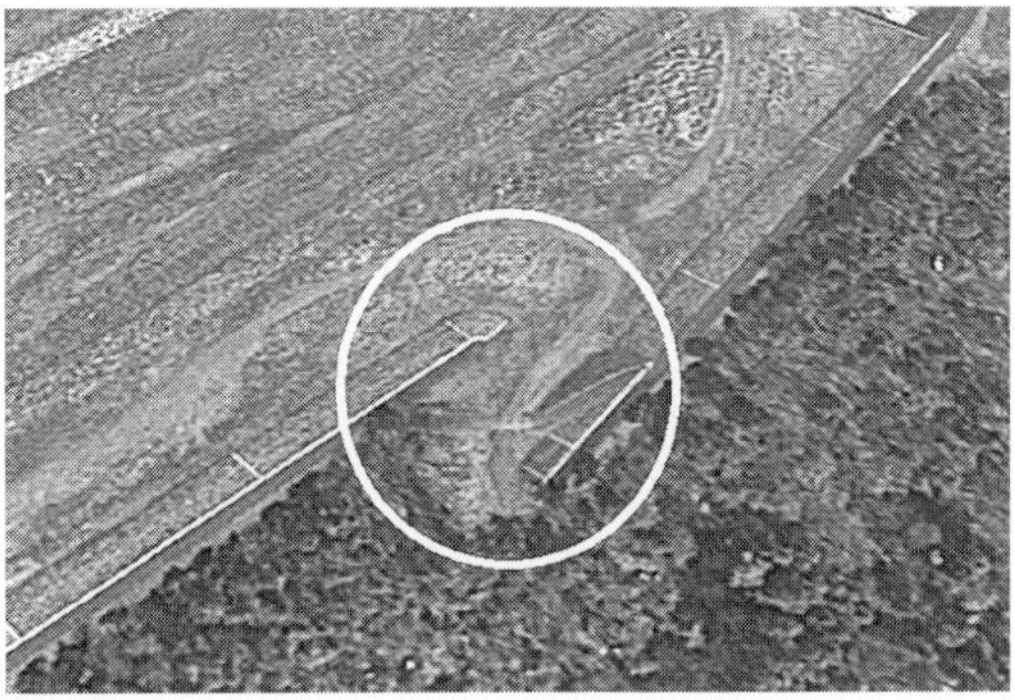

資料４

たくさん見いだすことができます（＊本書で言う「社会科」は小学校社会科を指しています）。

＊

「相当しっかり教材研究をしないと、ちゃんとした授業はできない」と思い込んでいる先生は多いようです。しかし、そこまでしゃちほこばって考えなくてもいいように思います。あまり基礎的なことを勉強していなくても、そこそこの授業ができてしまうのも、社会科の特徴のひとつだからです。

社会科は、どんな子供でも活躍できるというのと似ていて、どんな先生でもその気になりさえすれば活躍できます。

社会科の授業は、ひとつの内容単元で構成します。ある程度の教材研究をして、1時間の授業の核になる部分の授業時間を構成してポンとやったら、割といい授業ができてしまうのです。2年目だろうと、10年目だろうと、実はあまり変わりません。柔軟性があるし、それほど指導技術の序列があるわけでもありません。

重要なことは、授業のなかで子供がいかに活躍するかというイメージをしっかりつくることです。そして、子供たちが引き寄せられるような教材や資料を投げかけ、子供の発言を紡いでいけばよいのです。

自由にいろいろな解釈をみんなでつくれる授業。私がおもしろいと思うことのひとってです。授業研究なども、いろいろな人がいろいろな立場で入っても、けっこうみんなで研究がつくれます。子供の授業と同じで、社会科の世界は、民主的な世界だなぁと思います。

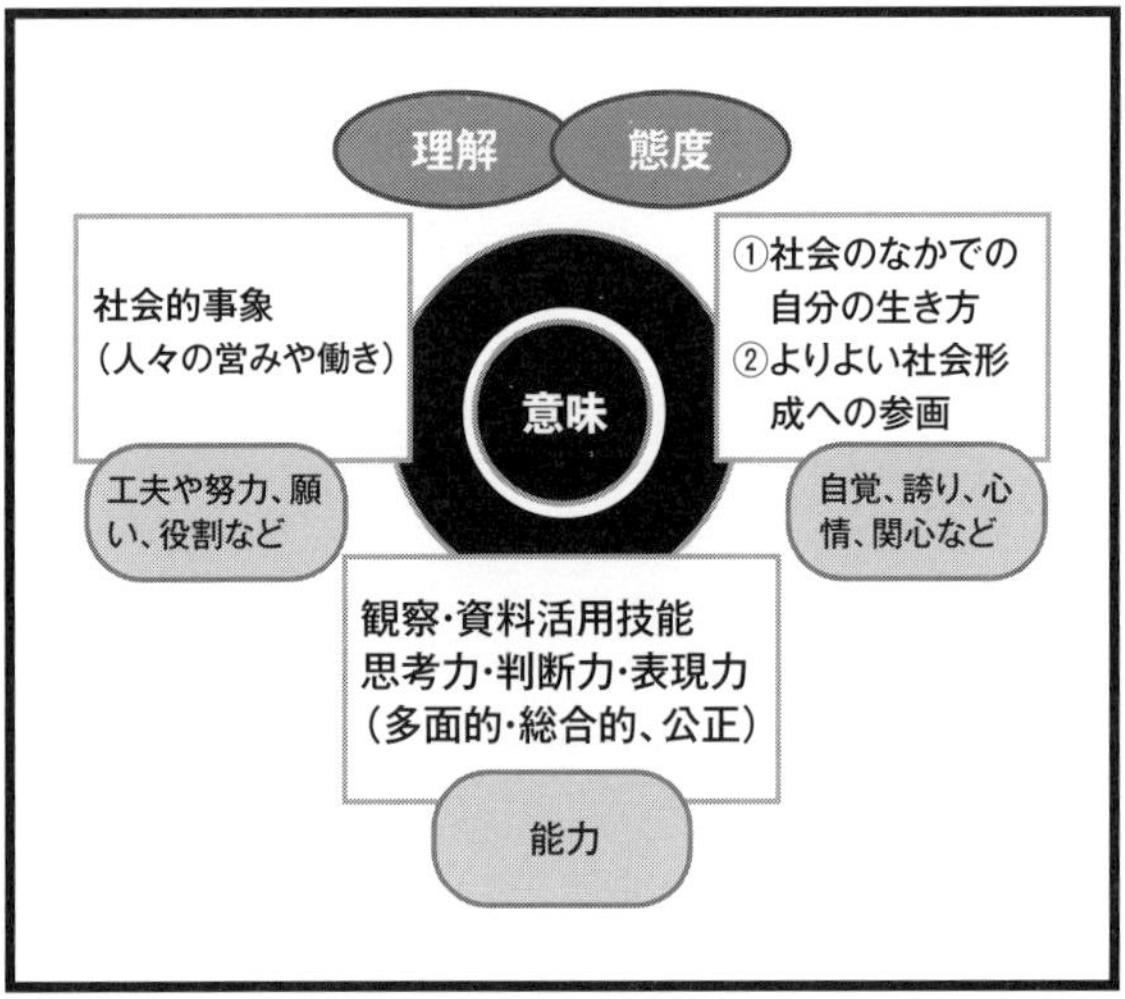

資料5

ただし、よい授業をするためには、前提として理解しておくべきこともあります。

先に紹介した霞堤の実践も、授業の冒頭から「霞堤とは…」などと教師が説明してしまえば、5分で終了します。しかし、それでは子供たちが活躍する姿を見ることはできません。

社会科の授業では、**資料5**のように理解と態度と能力のバランスのよい育成を目指しています。「教え込んでも理解にはならない」「押しつけても態度形成にはつながらない」ことを理解し、子供たちが自ら社会的事象の意味を考え判断し、表現する活動を重視することが必要です。

加えて、「情熱」と「粘り強さ」。たとえ「いま」

授業に悩んでいたとしても、それさえあれば「いつか」「かならず」どの子も活躍できる社会科授業をデザインできるようになります。

社会科の授業を懸命に研究している先生方の様子を見るにつけ、私はそのことを実感するのです。

第1章

当たり前だけど、とても大切なこと

―あまり語られない社会科の本質

社会科における子供の学びの姿

1　答えを探しながら発言している子供

結論が先にあって、どのような根拠をもってくれば相手は納得するのか、みんなを説得できるのか、という点にのみとらわれていると、おのずと討論性の強い話し合いになります。「私の考えが正しい。だから、あなたの考えは間違っている」と、正しさよりも間違いが強調される討論です。

それはそれで、ディベートに強い子供が育つかもしれません。しかし、一方で社会的事象の意味や価値を考える話し合いからは遠ざかります。この点に、言語活動の危うさがあります。

弁の立つ人間を育てることが、社会科の目指すべき地平ではありません。意味をよく考え、相手の意見や考えをしっかり受け止めたうえで自分の考えを構築することこそ重要です。すなわち、社会科における言語活動とは、「言葉を介して考えを深める活動」です。見方を変えれば、**いちばん考えている子は、授業中ひと言もしゃべらず、ほかの子供たちの発言をよく聴いている子かもしれない**のです。

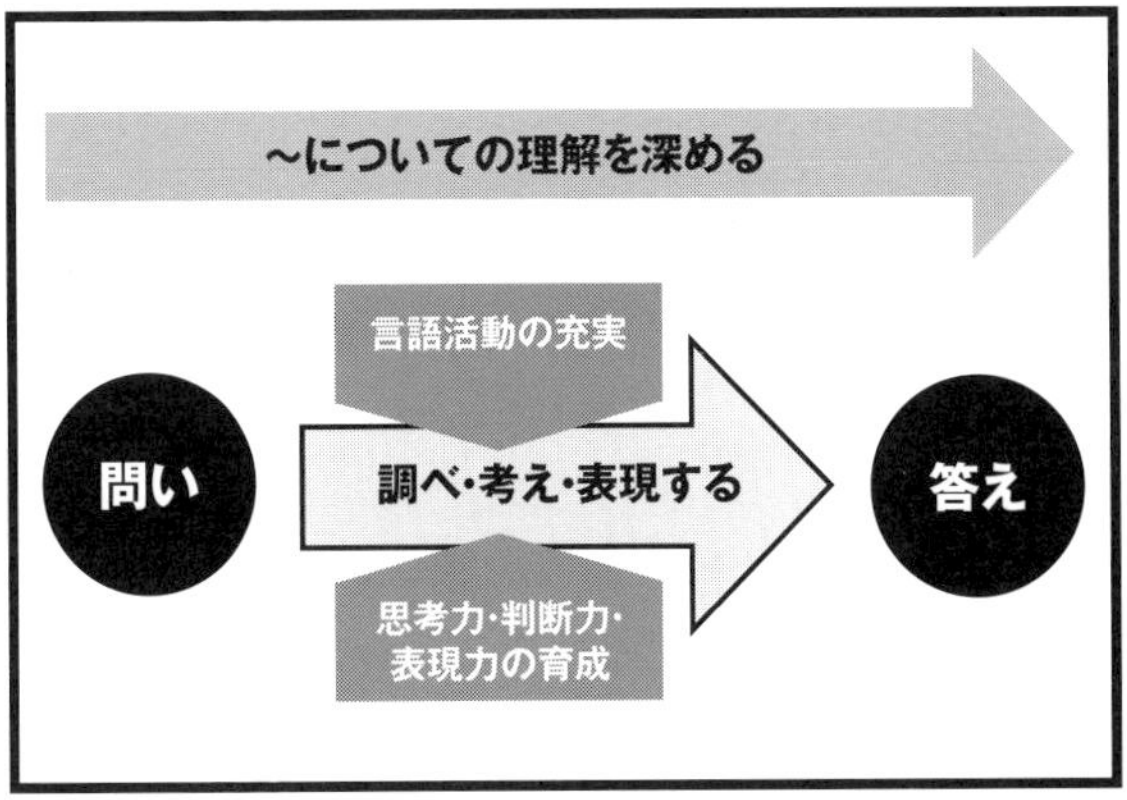

資料1

ある授業でのことです。

その子は、活発なグループとは縁遠いところにいて、授業の前半ではひとつの発言もしていませんでした。黒板には1枚の資料。多くの子供たちが自分の気づいたことを発言していました。

しばらくして、その子が手を上げます。

「僕は…」と切り出した後、言葉が続きません。「なんて言うか、Aくんはこう言ってたけど、僕は…」しばし沈黙、そしてまた「たぶん…」ずっとループしています。周囲の子供たちも、彼が何を口にするのか待っています。

結局、彼は自分の思うように意見を言えませんでした。しかし、その子が席に座ると、姿勢が前のめりになっています。授業へのまなざしが、ちょっぴり熱を帯びています。それは、その子なりの問いが生まれているからです。

問いの答えを探そうとしてしゃべっている、それは本当に考えている姿なのだろうと思います。担任の先生もわかっていました。だからこそ、彼の発言のためにしっかり時間を取ったのです。

2 社会科は間違いを大切にする教科

社会科の授業では、いろいろな「はっ」とする場面に出合うことができます。和菓子をつくる職人の仕事について、「どういう工夫をしているのだろう？」と投げかければ、多様な意見が生まれます。そうした意見には必ず間違った意見が含まれます。

社会科では、こうした間違いを排除しません。もし、安易に排除してしまえば、その瞬間に子供たちの話し合い（思考）はストップします。「正しい答えはなに？」と一足飛びに答えを欲して授業が終わってしまうからです。

社会科は、子供たちの正しい意見も間違った意見もひっくるめて、結論をみんなでつくり上げていこうとします。３０人学級なら３０人の子供たちが、話し合いを通じて学習問題に対する結論をつくりだしていくのです。

正しさと間違いというものを、二元論でとらえてしまってはもったいない。むしろ、**間違いは正しさに迫っていくための素材**なのです。間違えたり、変なことを言ったりするなかで、みんなで結論を探す。**間違う子がいるから間違いに気づける、**

変わった答え方があるからこんな見方もできるのかと気づけるのです。

間違いを排除し、直球で正しさに辿り着くのと、間違いを材料にしながら紆余曲折して正しさに辿り着くのとでは、（結果として同じ正しさであっても）その正しさへの印象が変わります。それは価値意識。子供たちが行き着いた正しさに対する価値意識は、前者よりもはるかに濃厚なのです。

現実の社会でも同じです。

物事というものは常に多面的です。さまざまなものの見方や考え方が併存しています。いろいろな見方があるということを知ったうえで、みんなで正しさに迫っていく。だからこそ、その正しさに価値が生まれるのです。

視点が違えば、立場が違えば、違う答えが生まれます。学習指導要領で示されている**「社会的な見方や考え方」とは、「立場が異なればいろいろな解釈ができる」という意味を含みます**（第２章第２節社会科第３の２）。

書くのが苦手、九九がなかなか覚えられない、そんな他教科の勉強が苦手な子が、生き生きと発言している姿、活躍している姿を社会科授業では目にします。

これは、社会科では胸を張って間違いを言えるからなのだろうと思います。すなわち、社会科は多様な「解釈」を許容します。むしろ多様であることに「価値」を見いだす教科なのです。これこそまさに、社会科授業の醍醐味といってよいのではないでしょうか。

社会科の学習内容

1　実社会によりかかる内容

社会科は、日本の社会のよさに「よりかかっている」教科だと感じます。

社会的事象は、人々の働きや営みで成り立っており、それを調べて私たち（人々）の生活にどのように役立っているかといった意味を考える教科です（**資料2**）。したがって、**学習対象となる人々が工夫や努力をして私たちの生活を支えている、こうした事実を前提として、社会科の学習は成立しています。**それらを「地理的・空間的に見て」「日本全国で」「広い範囲やつながりで」、また「歴史的・時間的に見て」「今も昔も変わらず」あるいは「発展させてきた」などととらえていく。

日本の人々が勤勉に、そして向上心をもって日々工夫・努力している。そうした工夫や努力によりかかって（信頼して）、子供たちは学んでいるのです。

日本がもし毎日のようにテロが頻発しているような国だったら…、理不尽や怠惰が横行し、嘘と欺瞞が跋扈する世の中で、誰も誰のことも信じられないような社会だったら…。言うまでもなく、よりかかりようがありません。

そこまでひどい想定でなくても、次のようなのはどうでしょう。

見学先の自動車工場では、従業員がサボってばかりで、欠陥自動車をつくっている。「こんなんではだめだ」と反面教師にはできるかもしれませんが、人の知恵や工夫、努力を、働く人の姿から学ぶことは到底できません。

こうした見方は、果たして極端でしょうか?

私たちは、職場で「まじめに」「真摯に」、あるいは「社会貢献のために」働いている姿を「当たり前」のように感じています。だから、ついついそんな「当たり前」のことを殊更に強調するのはいかがなものか、と思いがちです。

しかし、日本人の考える「当たり前」は、世界の人々の考える「当たり前」では必ずしもありません。そして、「そ

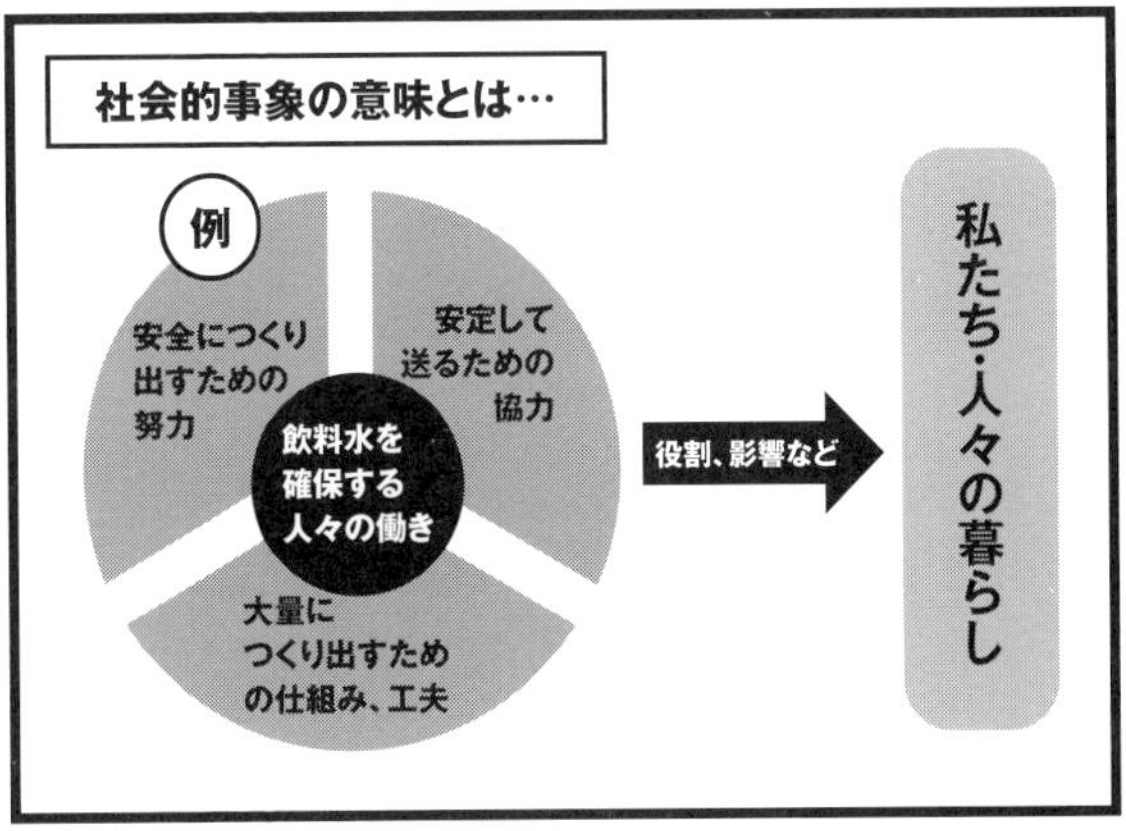

資料2

んなことは当然のこと」と受け流すには、あまりにももったいない「当たり前」なのです。

日本と日本人には学ぶに値するよさがあります。だからこそ、学習が成立するのです。伝統工芸などもそうです。目を輝かせながら、懸命に集中してやっている、私たちはその姿を信じて、その技を見に行くのです。「伝統の技なんて、面倒でやってられないよ」という風情であれば学習になりません。

歴史学習にしても、その時代ごとの課題を解決しようとする人の姿があります。元寇なども、北条時宗の決断が、鎌倉幕府の崩壊につながってしまった史実がある一方で、元の国から日本を守ろうとした面があります。このように時代の課題解決に懸命に取り組んだ人がいたから歴史が進展してきた、そんな見方ができるから学習が成立するのです。

日本には、連綿として受け継がれてきたよさがある、だからこそ「学ぶ対象」となり、これからも受け継いでいこうとするところに「学ぶ価値」が生まれます。

これらのことは、社会科はいったい「何を」学ぶ教科であるのかを再認識させてくれます。少なくとも、その「何を」は、イコール「知識」ではないでしょう。「知識」は「何を」に辿り着くための要素にすぎません。

少しでもよい社会になるように努力した先人の知恵や働きを知ることで、何がこの国の社会で正しいとされているのかを学ぶ教科。

このような日本人のよさを共感し合うことを通じて、**その子も将来、私たちと同じように社会の形成者のひとりとなり、日本のよさを受け継いでくれる存在になる、そのために必要なことを学ぶのが社会科の本質**であるように私は思います。

2　この国の「当たり前」を支える

学力向上という言葉を聞いたとき、真っ先に思い浮かべる教科は何でしょう。おそらく国語や算数・数学ではないでしょうか。「読み、書き、計算」が勉強の基本、日本は科学技術立国というイメージもあります。では、いじめ問題が社会問題化するとどうでしょう。道徳が挙がるのだろうと思います。

では、社会科は？

〇〇〇が社会的な課題となっているから、社会科をしっかりやらないとダメ、という論調は不思議と起きません。せいぜい歴史問題が取り上げられたときに話題にのぼるといったところでしょうか。それでも、歴史問題＝社会科の課題とされるよりも、（肯定であれ、否定であれ）日本の教育全体に対するイデオロギーの功罪が議論いという意味合いが強そうです。

では、なぜ「社会科をもっと充実しないといけない」といった論調が生まれないのでしょう。

それは、端から見ると、社会科の学習は「当たり前のことを、当たり前のようにやっているだけ」のように見えてしまうからだと思います。水や空気や土と同じ。あって当たり前。大人であれば誰でも知っている常識について勉強する教科だ、と。

しかし、この「当たり前」は、「あって当然のもの」と簡単に片づけてしまえるものではありません。なぜなら、この「当たり前」こそ、この国とこの国に住む人々の暮らしをつくり、次の世代に引き継ぐ根幹をつくっているからです。

「根幹である」からこそ「当たり前」なのであり、「当たり前」だからこそ、普段は意識しないものです。しかし、社会科は、その普段は意識しないことがらや人間の姿に対してあえて目を向かせる、価値づけることを目指します。そこに、むずかしさがあるのだと思います。

学力問題でも、いじめ問題でも、社会科はあまり話題にされませんが、もし首都圏が大打撃を受けるような災害が起きる、クーデターが起きて、無政府状態、無秩序状態に陥り、国家の危機、生命の危機に直面したとき、私たちは自然と社会科のあり方に目を向けるでしょう。人々が水や空気や土のありがたみに気づくのは、それらが容易に手に入らない現実に直面したときだからです。

社会科で学習する「当たり前」とは、国の根幹をなす仕組み、日本人としての基盤を形成するあり方・考え方そのものです。だからこそ、そこに生きる人間の生きる姿から、子供たちに学ばせようとするのです。

その人間の生きる姿とは、決してひとりの人間ではありません。いろいろな人たちが力を合わせて、手を取り合って、しかも懸命に、誠実に努力している姿です。チームワークやネットワークに支えられた人間の姿です。

あえて言うと、国や人々が社会科をおろそかにすれば、国の形が揺らぐと私は考えています。だからこそ、その「当たり前」とは何なのか、なぜ大事なのかをしっかりと伝えていきたいのです。

社会科の第二フェーズを考える

1　未来志向型の社会科

社会科は、国語や算数と比べると、戦後に生まれた比較的新しい教科です。社会科発足当初は、「民主主義社会を担う人材をどのように育てていくか」という使命とともにありました。現在、そうした役割は一定程度果たしたと考えることができます。

社会科は、いま第二のフェーズに入っています。

戦後民主主義を実現し、高度経済成長を経て物質的な豊かさを享受した日本はいま、経済の停滞に加え、歯止めのかからない過疎化、急速な少子高齢化と近未来の人口減少、急速な社会変化という課題をもつ成熟社会を迎えました。

このようなさまざまな課題のなかで、物の豊かさだけでなく、心の豊かさ、家族の絆、地域再生などについて考える、未来志向型の社会科をどのようにつくっていくか、というフェーズです。

たとえば、東日本大震災は、こうした考え方を裏づけるきっかけともなりました。

あの大震災の折、諸外国から賞賛されたことのひとつに、略奪が起きなかった点があげられます。全くなかったわけではないでしょうけれど、目に見える略奪はありませんでした。さらに、暴動が起きるわけでもなく、整然と列をなして順番を待つ日本人の姿に大きな驚きの声、賞賛の声が挙がったことは記憶に新しいでしょう。そうした海外からの驚きの声が逆に、私たち日本人に驚きをもたらしました。日本人自身からすると日常的なことが、世界から見たときに驚愕な事実だったわけです。「お互いわかっているようで、まったくわかっていないんだなぁ」とつくづく思います。

しかし、その一方で、こうした私たちの「日常」が、どのようなときでも「日常」であり続けているのかについては、疑問を感じる場面に遭遇することがあります。教科調査官という職業柄、全国の数多くの学校にうかがうのですが、そのようなときに気づかされるのです。

そのひとつに、地方都市の様子があげられます。あたかもゴーストタウンであるかのような人の息吹が感じられないことに私は驚きます。大きな市だし、それなりに有名な町だし、近代的な建物が建ち並んでいるし、でも人通りは少なくて、さびれているようにも感じられる、これはいったい何だろう、と。全国各地どこでもそうだというわけでは当然ないのですが、少しずつ増えているように感じます。

社会科には、「地域の人々が受け継いできた文化財や年中行事」についての学習があります。こうした実践を日常的にやっていく教育活動がある一方で、日常であったはずのものが日常的でなくなっている現実をいかに感知して、そこに学習問題をつくっていく。このようなアプローチも必要になってきているのではないかという気がするのです。

3年生に「商店の学習」があります。以前は「商店街の学習」でした。地域に商店街がなくなってきた現実を踏まえ、平成元年から10年の学習指導要領改訂の折に、「商店街の学習」を「商店の学習」にしたのです。現行でも同様です。学習指導要領は、全国のどこでも実践できる教材・内容を想定する必要があるからです。

ところが、ある地方都市の学校にうかがった際、「商店街」を教材として学習したいという声を聞きました。「一つひとつの商店がなんとか力を合わせてお客を呼ぼうとしているから、そこを取り上げたい」と言うのです。内心、いまは「商店」なんだよなぁとも思ったのですが、もしかしたら、この地域ではこれこそ必要な教材なのかもしれないと思い直しました。

「商店街がさびれてしまった理由を明らかにするだけではしようがないですが、そうした現実を踏まえ、たとえばスタンプカードをつくったり、街並みをそろえたりしている商店街や行政、地域の人々の姿を学ぶのであればおもしろそうですね」と私は答えました。そしていま、彼らは懸命にその実践に取り組んでいます。

現在の実態を固定的に（なかばあきらめ顔で）とらえるのではなく、よりよい方向へ舵取りをしていく、変化させていこうと努力する人たちがいる、それがいい教材になる、このような現状理解をベースにして、課題を解決しようとする動きを教材化していくような授業も、未来志向型の社会科と言ってよいのではないでしょうか。

社会科では、日本の優れた点をよりどころにして学んでいます。しかし、その一方で、先人の判断を当てはめるだけでは、これからの社会を生き抜くことがむずかしい時代でもあります。社会そのものが、きわめて高速に変化しているからです。科学技術の進展により、昨日まで正しいと思っていたことが、今日には誤りになることだってあり得るのです。

「先生、それ間違ってるよ！　昨日のニュースでやってたもん」

授業中、こんな指摘が起きうる世の中です。だからこそ、よりよい社会の形成への参画を社会科は大事にしているのです。過去から学んだことを通して、さまざまな意見の合意形成を図りながら、未来をつくっていくことを重視しているのです。

未来に向けてみんなでつくり上げるから、それが後の人々の大切にすべき伝統や文化になるのです。**みんなの知恵の総決算**なのです。これからの社会科では、こうした未来志向という視点が、よりいっそう大切になってくると思います。

2　子供が描く未来の「イメージ」

未来志向型の課題解決を志向する授業を行うためには、どのような未来を思い描くのか「イメージ」づくりとセットで実践を進めていくことが必要だと思います。一つひとつの細かな課題の解決に一喜一憂するのではなく、「よりよい社会の形成に参加する」の「よりよい」が、どんな社会であるのかという「イメージ」を、授業を通じて表現していかなければならないでしょう。

このようなアプローチであれば、あらためて個人商店の取組を調べていったときに、大人たちが忘れていた商店街のよさ、子供たちが知らなかった商店街のよさに気づけるはずです。商店にも子供がいて、その子は別の商店で買い物をする、商店街自体が一種の共同体で、お互いかかわり合いながら生活していたわけです。

そうやって共同体で成り立っていたはずのものが、時代とともに形態が変わってしまった。結果として、商店街とともに地域のコミュニティそのものが失われつつある。こうした現実に目を向けたとき、どうすれば地域が元気になるかというイメージを子供のなかで膨らませながら、商店街の学習を進めていく。このような学習であれば、計り知れないほどの教育効果を期待できるように思うのです。

このとき、気をつけなければならないこともあります。「未来志向型の社会って、こういう社会だよね」と教師が口にしてしまうことです。その瞬間に、子供のイメージが狭められてしまいます。可能な限り、よりよい社会のイメージを子供一人ひとりがもてるような工夫が必要になると思います。

そもそも、社会科は、実社会を学習対象として学ぶ教科ですから、子供たちがどのようなイメージをもって学習に臨むかということは大事なスキームですし、がんばっている先生方は無意識にそういう授業をしているように思います。

3　大人の後ろ姿を透かして社会を見る子供たち

「プライドをもて」と言うと、ちょっと語弊があるのですが、先生方が自分の実践は、(学校教育としてのみならず)社会的に価値あることなんじゃないかと思いながら、子供たちの教育に当たっていけるといいなと思います。教科のなかで社会科が一番なんだといったプライド意識ではなく、社会的に重要な使命を自分たちは担っているんだという自己認識です。そうした自己認識をもてるためには、日本人の強みに対して自覚的である必要があると思います。

たとえ小さな工場であっても、世界との競争力にうち負けないきめ細かな技術、熟練の技術が日本にはあり、海外から高い評価を得ているという報道は、数限りなくあります。なぜそのような技術を獲得できたかといえば、世間でよく言われているとおりだと思います。誠実さ、勤勉さ、堅実さが基盤にあると思います。そして、それらが日本人の強みです。

日本の強み、日本人はこうなんだということを、知らず知らずのうちに社会科では教えています。そうやってがんばっている大人の後ろ姿を見ながら、子供たちは少しずつ日本人になっていくのだろうと思います。

たとえば、こんな話があります。

家電メーカーの研究者が授業に来てくれた際、こんなことを言い出しました。

「私は、洗濯すればするほど、きれいな水が排出される洗濯機を開発しています」

教師も含め、みんな目が点です。汚い水を出すから排水なんでしょ、と。きれいな水になるのだったら、洗濯物の汚れはどこに行ってしまうんだ。みんなそう思ったわけです。この人、何を言ってるんだろう、と。

「そんなことができるんですか？」という子供たちの問いに、その研究者は胸を張って言うわけです。「ぜひ実現したいと思います。みなさんが住みよい環境をつくるために、美味しく飲めるくらいのきれいな排水にしたい」と。

みんな半信半疑だったわけですが、その後、空気清浄機のようにきれいな空気が排気される掃除機が発売されてびっくりしました。授業に来てくれた研究者の会社の製品でした。変なことを言うなぁと思っていた人が、実は真剣に日本の未来を考えていたということです。

発想はユニーク、取り組む姿勢はマニアック。しかし、それが世のため、人のためになると本気で信じて情熱を燃やす人たちが日本にはいる、そうした人たちの姿が、子供たちの生きた教材なのです。未来に希望をもって生きていく人たちがいる、そんないい教材となるモデルたちが社会科ではたくさん登場します。

子供たちは、そんな大人の後ろ姿を透かして社会を見ます。だから、それらをどのように取り上げればよいかを考えればよいのです。そして、それこそ、教師の腕の見せどころでしょう。

4　大人でも解決の見通しがつかない問題を子供に投げかけても答えは出ない

たとえば、農業。現在、ＴＰＰ問題でいろいろとざわめき立っています。すでに各国との具体的な検討に入っていますが、いまなお否定的な意見も多く、ＴＰＰが日本の農業をどのように変えるのか未知数です。

日本の農家はほとんどが兼業で、専業はごくわずか。海外の大規模農業を強みとする穀物メジャーと張り合うのは並大抵のことではないでしょう。大きな打撃を受けるかもしれないし、逆に国際競争力に負けない農作物をつくれるかもしれません。あるいは、犠牲と飛躍が拮抗するのかもしれません。

いずれにせよ、農業の分野でＴＰＰ協定が結ばれれば、少なからず農業の学習も変わるのではないかと思います。創意工夫を凝らして外国産に負けない農作物をつくる人たちがいる、だから日本の農業は支えられているといった理解につながるような、さまざまな課題を解決していく農業について学ぶような学習です。

このとき、気をつけなければならないことがあります。それは、課題解決にとらわれるあまり、子供たちの話し合いが空中戦になってしまうことです。

ありがちなのは、調べ学習を行った上で「これからの農業はどうあるべきか」というテーマで、子供たちに安易に議論させてしまうことです。

こうした授業における子供たちの意見は、およそ次のように分かれます。

①国が補助するべき。
②品種改良すればいい。
③大人になったら農業をやる。

このようにしか考えようがないのです。さらに追い打ちをかけるように、教師が「君は何をする?」と問えば、次のような答えが返ってきます。

「僕はもっとお米を食べる…」

実際の授業で、私はこんな子供の発言を幾度となく聞いてきました。

誰かひとりが今まで以上にお米をいっぱい食べたからといって解決できるほど、日本の農家の抱えている課題は小さくはありません。よく考えてみれば、子供たちだって本当はそのことを理解しています。しかし、どうしたらいいかはわからない。だからわからないなりに必死に答えているのです。

なぜ、このような話し合いになってしまうのでしょう。

簡単に言えば、授業が子供たちに解決策を言わせようとする構成になっているからです。子供にしてみれば、「アイデアを出しなさい」「ほかには何かないの？」と問われれば、「もっとお米を食べる」と言うほかないのです。何年経っても大人でさえ解決できない問題を、わずかな知識をよりどころにして考えている小学生に解決策を提案させることは現実的ではありません。

そんなふうに、無理矢理に子供に解決策を考えさせるのではなく、現実の社会で解決しようとしている人たちを登場させて、その人たちの取り組みや発想をもとに考えさせればよいのです。そうすれば、「農業はいまこういうことが大事なんだな」と子供は理解することができます。

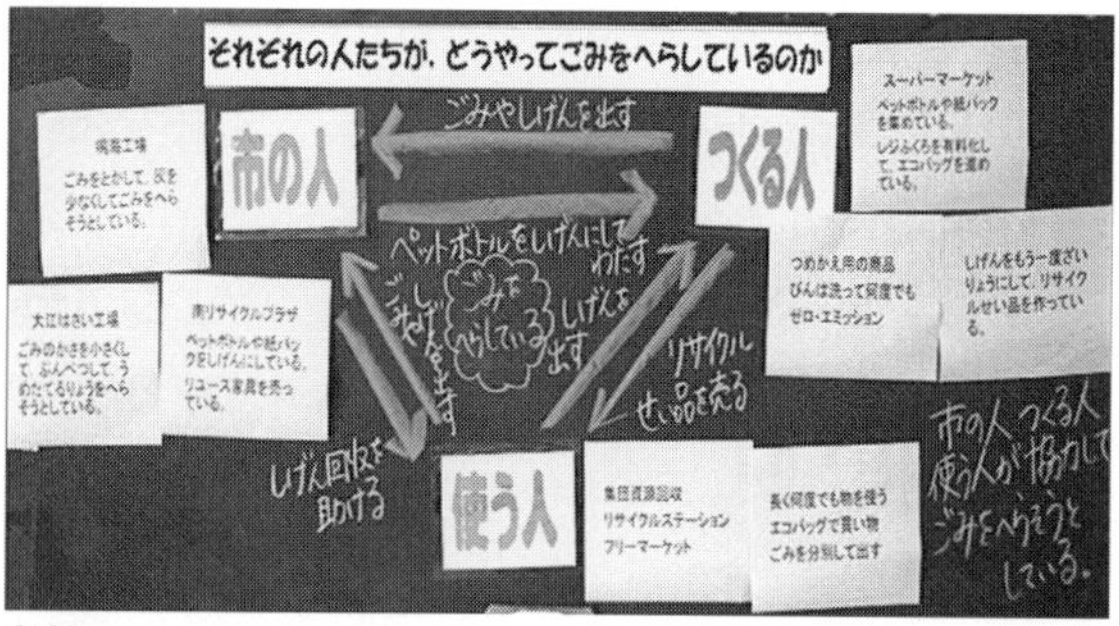

資料3

資料3は、いろいろな立場の人々がごみの減量に取り組んでいる関係を整理した板書です（名古屋市の事例）。

このように社会的事象の関係性を見ると、自分のいる位置もわかります。そして「自分にできることはせめて…」と実現可能性のあることを考えるようになります。

ですから、たとえば自動車業界の未来は？などを問われても、子供には理解しようがありません。

「私はエネルギーのいらない自動車がいいです」
「僕は空飛ぶ自動車をつくるといいと思います」
こうした空中戦を回避するためには、その道のプロに登場してもらうことです。

「まだ実用化のめどは立っていませんが、私は、みなさんが年をとって判断能力が低下しても、事故を未然に回避できる安全な車を開発しています」と具体的な構想や現在の開発状況などを話してもらうのです。そうすれば、子供たちは、工業は社会の実態に合わせて研究開発していかなければいけないものだと気づいてくれます。

子供たちにとって「自分たちにできること」は、そう多くはありません。ですから、社会全体で役割を生かしながらみんなで取り組むべきこと、みんなで考えていくべきこと、そして自分も社会の一員として関心をもち続けていくこと、問い続けていくことを意識させるようにする、そのために何を理解させればよいのかを考えて授業を構想することが大切なのです（資料4）。

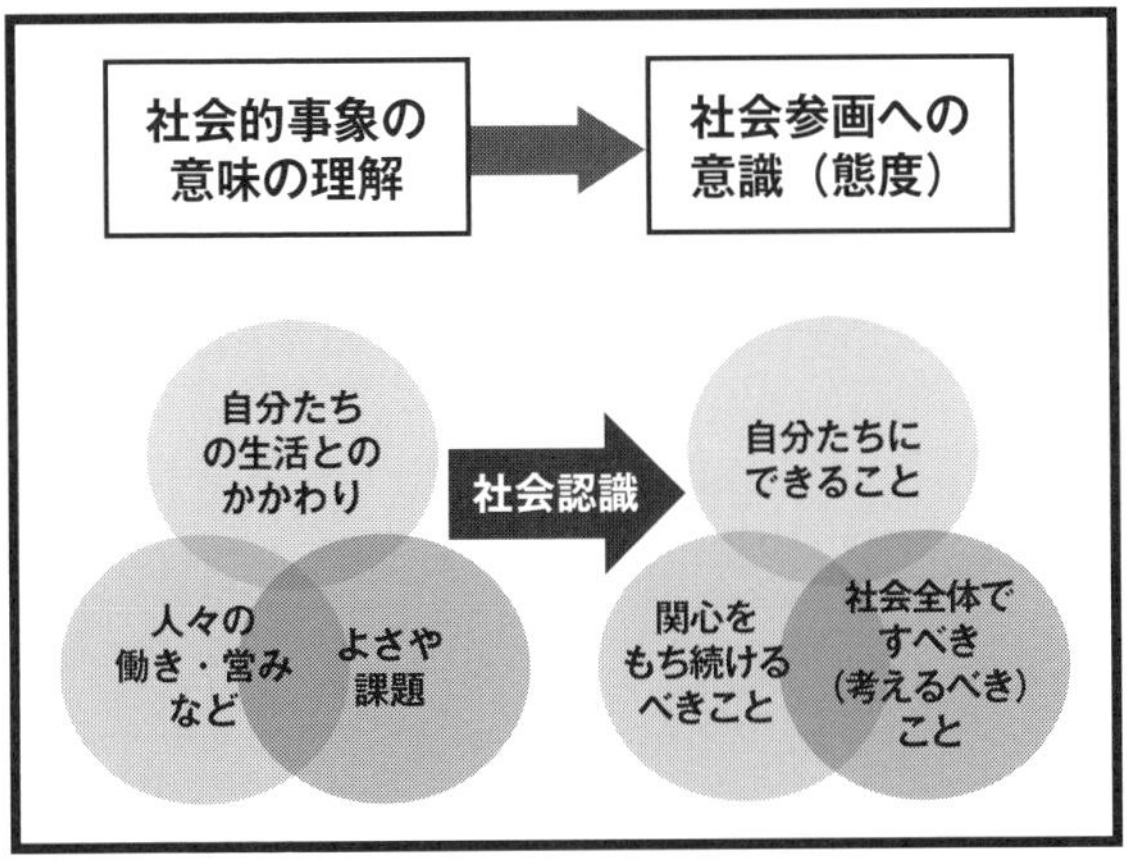

資料4

5　グローバル化の視点をもつ

ここまで、優れた日本人や日本の優れた点をあえて強調してきました。しかし、社会科は、日本の内側だけを見ていけばよいということではありません。

第二フェーズには、もう一つの視点があります。それはグローバル化です。日本においても諸外国においても、社会は急速にグローバル化しています。インターネット映像によって、いまこの瞬間から国際的スターや世界的な人気商品が日本から生まれることだってあります。

私たちの日常生活は、いまでもすぐ隣に外国製品があり、諸外国の人々の生活があります。ですから人間の働きや営みを見ていくということは、諸外国の人々の働きや営みを見る目を養っていることにもなります。

そこには、当然さまざまな違いが見えます。その違いを理解し、尊重していくことは重要かつ不可欠です。グローバル化の視点をもつということは、これまで日本で守ってきたものをベースにしながら視野を広げて、世界に通用するものに成長させていくことです。

いまや日本一国だけでは解決できない数多くの問題があります。世界の人々と一緒になって解決していくべきことばかりです。そうしたいままでの大人たちが残した宿題を未来の子供たちに託さなければならない現実があります。

子供たちの社会を見る目、人間の働きや営みの意味を考える力を「国際規格」にしていくことは、私たち大人より先の未来社会を生きる子供たちに対する私たちの責任です。このことも大事な視点になります。

社会科で学ぶもの、育つもの

1　育まれる「心」と「コミュニケーション」＝計り知れない教育効果

誤解を怖れずに言うと、社会科で求める学力が高まるほど、クラスはどんどんよくなります。それは、社会科では次のようなことをA評定（十分満足できる状況）の判断ポイントとしている例が多いからです。

①物事を複数の立場や考え方で広い視野からとらえることができること
②物事を自分に引き寄せて、具体的な事実を根拠にして考えられること
③物事の課題の解決を考えたり未来を発展的に考えたりできること

クラスの子供たちが、こうしたスキルを身につけられれば、クラスがよくなるのは必然です。いじめだって起きにくいでしょう。

社会科で育成を目指す子供像は、物事をクリティカルに考えたり、落としどころをみんなで探ったり、多面的に物事をとらえたりして、友達と考えをつなぎ合わせていける子供です。そんな子供に育ってほしいというイメージがあるから、(A評定の子供たちが集まれば)自然といい社会(学級)がつくれるわけです。

いわば、コミュニケーションを通じて社会をつくっていける心を育てているのです。

しかし、現実には、心というものを考えるとき、他者との関係性ではなくて、自分のなかにある絶対的な何かとして切り取って語られることが多いように感じます。**しかし、そうではなく、自分と他者と、それぞれ影響し合うなかでこそ、人は心を変化させていくのです。**

もちろん、クラスをよくする、いじめをなくすために社会科授業があるわけではありません。社会科には社会科固有の目標があります。しかし、このような副次的な教育効果は計り知れないものがあると思います。

2　社会のなかで生きる人間の姿を学ぶ教科

社会科は「社会のなかで生きる人間の姿を学ぶ教科」です。

社会というのは「社（やしろ）で会う」と書きます。人がふたり以上存在する、人間のかかわりとか、働きなどが集合体となったときに生まれるのが社会。そうである以上、集合体としての人間のかかわりや働きを見るのが社会科です。

「生きる」と言うと大げさに聞こえるかもしれませんが、この「生きる」には、働きや役割などをぜんぶひっくるめています。学習指導要領も、工夫や努力、願い、苦心、向上、連携、協力というふうに、人間の働きや役割、関係性をキーワードにして内容を散りばめているのです。

歴史もそうです。課題を解決して生きてきた人たちの姿を見ていきます。地理にも人間の生活があります。だから自然環境の厳しさを乗り越えて生活するとか、自然の資源を活用して町を元気にするとか、自然環境に働きかける人間の働きを見ていくわけです。自然災害から暮らしを守るための働きかけもそうです。

そして、それらの人間の働きの実際の姿が、未来を生きる子供たちのモデルとなっているのです。

一方で、本書では強調していませんが、「基礎となる知識、地理や歴史や社会生活にかかわる用語や語句などを身につけながら学ぶ」という前提条件があります。

この「**身につける**」**とは、授業で学んだ用語や語句を自分の説明の文脈のなかで使えるようになるということ**です。

第2章
社会科に親しむ、もっと楽しむ基礎知識

学習指導要領と社会科

1　学習指導要領とは？

強い言い方をすると、義務教育とは国家戦略です。日本をどのような方向に舵取りしていくか、その方向に向かって必要とされる人材を育てていくことが使命です。それは、日本社会の持続につながっていく大事な要素です。

とはいえ、国が決めたことを、決めたように教えれば、日本の将来を担う人材が育つかというと、そんなに簡単なことではないでしょう。子供たちの教育は、杓子定規にできるほど甘いものではありません。

子供は人間です。機械ではありません。工業製品のように、右から左へと、システマティックに平準化できるものではありません。流動性、生々しさがあります。そこにこそ、教師の使命があるのです。

授業は、「教師」「子供」「教材」の三角形の形をした生き物だと言われます。

効果的・効率的に人材育成を目指す国家戦略と、それを実現する流動的な生き物としての授業が併存しています。ここに教育のむずかしさがあり、二面性がありま

す。

そこで、国は、教育の「内容」と「方法」を切り離しました。目指すべき「目標」、教えるべき「内容」については国が定め、どうやってそれを実現するかといった「方法」については教師に委ねたのです。前者を「学習指導要領」と呼びます。学習指導要領は目標・内容基準と言われるゆえんがここにあります。

学習指導要領は、戦後から現在に至るまで8回の改訂を経てきました。その長い時間のなかで、洗練化されてきました。

歴史的には、社会科は戦後に発足した教科のひとつです。また、昭和22年に試案が出されたころは、指導方法についても踏み込んだ記述があり、一所懸命教え込むことを重視する時代もありました。しかし、現在では、学年ごとの内容が整理され、指導方法については教師に委ねる形で大綱的なものに変わってきたのです。

2　マニュアルをほしがる教育現場

国の思惑とは裏腹に、教師のほうにも言い分はあります。いくら委ねられているとはいっても、向かうべきゴール（目標）と、そのために必要な素材（内容）は、国によってすでに決められてしまっているわけです。

枠がはめられた状況で、「がんばって創意工夫を凝らしてください」と言われても、やりにくい面は多々あるでしょう。それならいっそ、どうやってゴールに辿り着けばよいのか（方法）についても、決めてもらったほうがやりやすいと感じる教師がいるのは無理からぬことかもしれません。

まして、学校においては、教科教育についても、手を替え品を変えさまざまな教育活動に取り組まなければなりません。その上、特別な支援を要する子供への対応、保護者への対応といった課題も山積しています。

限られた時間のなかで、さまざまなことがらに対応しなければならない教師の多くが、きめ細かな指導書（マニュアル）や、既に形になっているもの（コピー&ペーストで使えるもの）をほしがる傾向は年々強まっているように感じます。

国として目標・内容を示して、方法については教師の裁量とするという手法そのものは民主的であり、これからの教育においても重視されるものです。しかし、「アイデアをもって独自に創意工夫しなさい」と言うだけでは、（いい面もある一方で）厳しいことを突きつけているという気もします。

3　学習指導要領の示し方

都市部を中心として若手の先生方が増えているという時代背景もありますが、まず、ひとつのやり方を基本形として示しておいてから、「基本形を応用し、加筆・修正するのは自由ですよ」というような提示の仕方をしなければいけない時期にきているのかもしれません。

学習指導要領は大綱的です。学校の創意工夫に委ねられて、工夫する余地はいっぱいあります。これは行政的な立場としては必要な姿勢ですが、一方で、それゆえに現場が困っている、このギャップをどう埋めるかという課題をいつも感じます。

本来であれば、そのギャップを埋めるのが、教育委員会の指導主事の職務です。学習指導要領に基づきどう指導すればよいのか、創意工夫の点については、指導主事が説明すればよいのですが、現実にはなかなかうまくはいっていない面もあるようです。指導主事にもさまざまな課題への対応が求められており、学習指導、教科指導に充てることのできる時間に限界があることも現実です。

このように、教育全体の中で教科指導に向ける目が弱くなっている現状を考えたとき、国の施策としても、もう少し踏み込んで指導の仕方を示すような丁寧さがあってよいのかもしれません。

4　「公民的資質」とは

「公民的資質の基礎を養う」これは社会科の教科目標です。昭和４３年の学習指導要領に総括目標として登場して以来、継続して使われてきました。しかし、その意味も、ずっと変わらずにきたかというと、意外とそうではありません。時代の要請に応じて、少しずつ変化しています。

「公民的資質」を端的に言えば、「社会のなかで生きる人間としての資質」と考えることができます。学習指導要領では、これまで「市民・国民としての資質」と説明してきました。

もし、「公民」を「公のための」と限定的にとらえてしまえば、「個人が排された国家、社会のための資質」となってしまいます。国や社会の問題を、「公」という大きな物差しで、いきなり解決しろと言われてもむずかしいと思います。まずは、個人として社会に適応し、「個」という物差し、自分とのかかわりで問題を発見したり解決したりできる資質を身につけること、そうであればこそ、国や社会の問題も解決できる人間に成長していけるのです。

学習指導要領の解説から説明すると、平成２０年までは、公民的資質を「義務や責任を果たすこと、他者の人格を尊重すること、多面的・総合的にとらえて公正に判断すること」などの態度や能力であると説明してきました。つまり、いまどのように社会を見つめ、どのように生きていくかに主眼が置かれているのです。

人が社会のなかで生きていれば、何かしら問題に直面します。そうした問題を解決するにはどうすればよいかを考えながら、情報を活用しつつ解決していける土台づくりをしましょうという考え方。これがまず公民的資質のひとつの側面です。

その後、平成２０年の学習指導要領改訂の折に、「よりよい社会の形成に参画できるようになるための基礎」を含むものとして、新たに「日本人としての自覚をもって国際社会で主体的に生きるとともに、持続可能な社会の実現を目指すなど」と説明を加えています。

生きるというのは、個人としての生き方だけでなく、社会のなか、集団のなかでの生き方を含むものです。そのため、社会の人々と力を合わせて問題を解決していくことも、公民的資質とすべきだろうと考えたわけです。

また、社会のなかで生きていく問題解決を図るならば、「未来」や「国際社会」に視野を広げて考えていくことが必要であろうということも含めています。

「思考力・判断力・表現力」と社会科

1　「知識」を活用した「思考」を

平成１８年１２月の教育基本法改正を受けて、平成１９年6月に学校教育法が抜本的に改正されました。そのうちのひとつが第３０条第２項です。

第2条②（中略）基礎的な知識及び技能を習得させるとともに、これらを活用して課題を解決するために必要な思考力、判断力、表現力その他の能力をはぐくみ、主体的に学習に取り組む態度を養う（後略）。

その後、中央教育審議会は、平成２０年1月の答申において、次のことを提起しています。

社会科、地理歴史科、公民科においては、その課題を踏まえ、小学校、中学校及び高等学校を通じて、社会的事象に関心をもって多面的・多角的に考察し、公正に判断する能力と態度を養い、社会的な見方や考え方を成長させることを一層重視する方向で改善を図る。習得すべき知識、概念の明確化を図るとともに、（中略）各種の資料から必要な情報を集めて読み取ること、社会的事象の意味、意義を解釈すること、事象の特色や事象間の関連を説明すること、自分の考えを論述することを一層重視する方向で改善を図る。

既に社会において定められている知識の獲得を重視する考え方と、子供自らが問い、考えることを重視する考え方のいったいどちらを優先すべきか。これは、日本の教育界において連綿と続いてきた議論です。

平成20年3月に改訂された学習指導要領は、こうした議論に一定の決着をもたらせるものでした。「『知識』も『思考』もどちらも大事ですよ」という決着です。「知識」の量ばかりが増えても、世の中では役に立ちません。かといって、「とにかく考えましょう」と促されるだけでは、考えようがありません。

「知識」は「考える」ためのツール。「思考につながる知識をしっかり獲得し」、そうした「知識を活用して、課題を解決するためによりよく考え、確かな理解につなげましょう」というのが、現在の学習指導要領の求めていることなのです。

2 「思考力・判断力・表現力」と社会科の高い親和性

このような趣旨から、平成20年の学習指導要領のキーワードのひとつが「思考力・判断力・表現力」になりました。全国の多くの学校が研究テーマにとりあげています。このうち、評価の観点で「判断」をもっているのは社会科と体育科のふたつです。特に社会科では「社会的な思考・判断・表現」というように、3つの「力」がバランスよく示されています。

すなわち、広い意味での判断力は、社会科とニアリーイコールなのです。まさに、この「思考力・判断力・表現力」をバランスよく育てていく、そのモデルとして期待されているのが社会科だと言ってよいでしょう。

では、社会科における「思考力・判断力・表現力」を具体的にどう考えればよいでしょうか。

まず第一に、社会科における思考力・判断力・表現力は、**資料1**のように主に「社会的な思考・判断・表現」の観点で評価することにより育てていきます。このことを裏返すと、こうした場面を授業のなかで設定する必要があることを意味します。

4つに分けられた評価の観点は、個々別々に独立したものではなく、それぞれ密接に関連し合っています。このことを理解するために、次のふたつの側面に注意を

学習指導要領の内容の記述形式

A（社会的事象） について，次のこと（ア，イ，ウ…） B（学習の仕方） して調べ，C（社会的事象の意味，特色，相互の関連など） を考えるようにする。

＊次のこと　→　（ア　調べる対象）（イ　調べる対象）（ウ　調べる対象）…

↓ 事例における評価規準設定の基本形

社会的事象への関心・意欲・態度	社会的な思考・判断・表現	観察・資料活用の技能	社会的事象についての知識･理解
・ A に関心をもち，それを意欲的に調べている。	・ A について，学習問題や予想，学習計画を考え表現している。	・ B して， A について必要な情報を集め，読み取っている。	・（ア，イ，ウ…）を理解している。
・よりよい社会を考えようとしている。＊各学年の態度に関する目標を踏まえた具体的な姿	・○と○とを（比較，関連づけ，総合など）して C を考え適切に表現している。	・調べたことを（絵地図・白地図，図表，レポートなど）にまとめている。	・ C を理解している。

資料１

向ける必要があります。

第一に、関心をもって調べようとする、観察や資料活用で情報を集めて読みとる、それらを比べたりして考え理解するなど、一つひとつの学習活動にはそれぞれ連関性があります。しかし、「こうした学習活動をひとまとまりの総体として評価することはできないので、4つの観点ごとに切り分けて分析的に評価しましょう」という技術的な側面です。

第二に、思考力にせよ、判断力にせよ、表現力にせよ、それぞれ能力としての特性をもつものです。かといって、「今日の授業では思考力だけを育てる、明日の授業では表現力だけを育てる」などと、この3つの力を切り離して授業を行おうとすると、子どもの側から見れば、いびつな授業となってしまうという側面です。

ただし、教師の側から見ると、違ったモノの見方をすることもできます。「判断力」だけを取り出す授業を行うことだって技術的には可能だからです。

たとえば、次のような教師の問いを考えてみましょう。

「日本の農業について学習してきました。大規模化する農業経営と、付加価値をつけて第六次産業化する農業経営があることがわかりましたね。では、これからの日本の農業は、どちらの経営を重視すべきだと思いますか?」

授業の場面で、こうした「どちらを重視すべきか?」などという価値判断や、「そのためにあなたに何ができるか?」などという意思決定を求めるならば、「判断力」だけを取り出す授業として成立するように思う先生もいるかもしれません。

しかし、子供の側から見ると、大人である教師とはまったく異なるとらえがあります。子どもは、考えながら判断し、表現してはまた考えるなど、相互の力が行きつ戻りつしながら連関し合い、互いに一体不可分です。「判断」だけが突然ポンッと頭の中に生まれることはありません。

このほかにも、「表現力」に焦点化するという考え方もあります。

最終的に大事なのは表現すること。子供の思考・判断は目に見えない。だから、ワークシートなどの成果物にせよ、発言にせよ、子供の側から表現されたものをもとにして、その子がどんなことを考えたのか、何を判断したのかを見取る、という

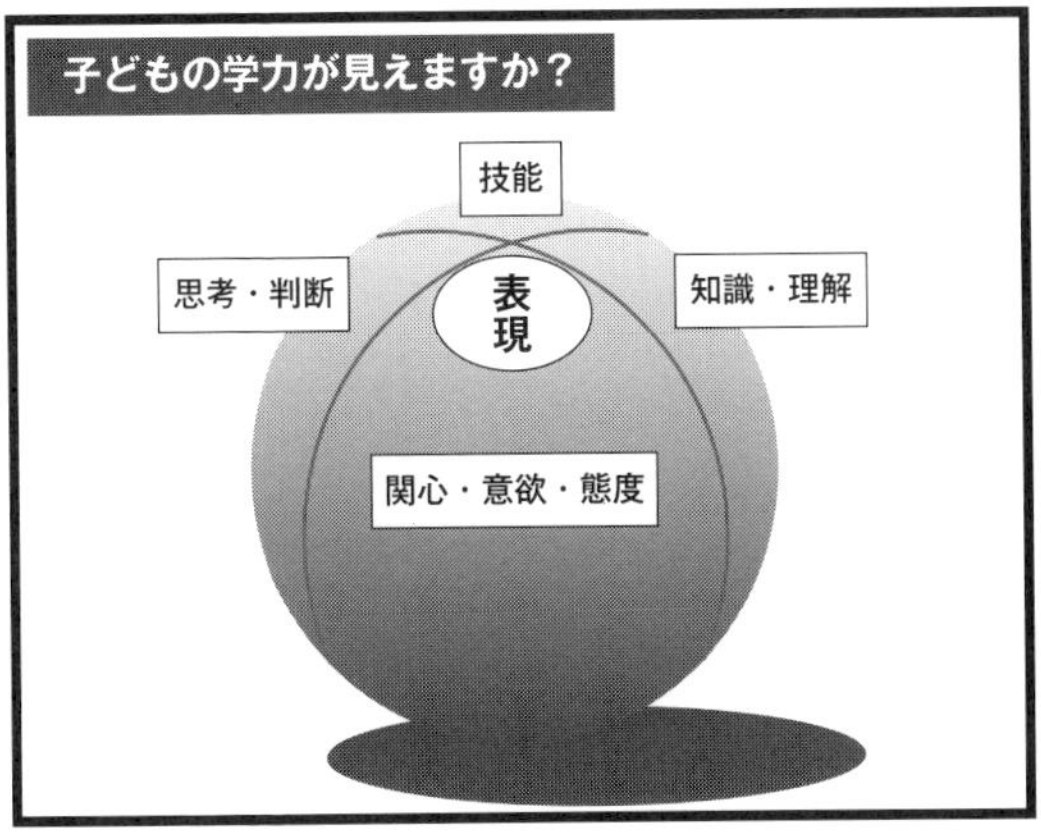

資料2

考え方です。この考え方だと、表現が思考・判断を包含することになります。

さらにこのような考え方で言えば、表現は、思考・判断だけではなく、知識・理解も包含しているし、技能も関心・態度も包含することになります。そのような意味で、表現力は、概念としてはすべての学力を取り囲んでいる一番大きなものであると考えることもできます（**資料2**）。

実態としては確かにそうかもしれません。しかし、表現だけに依存しすぎると、観点が不明確になったり、ABC判断がむずかしくなる面もあります。その解決のためには、目標と評価規準を相当明確にすることが不可欠となります。

＊

子供は、「思考力・判断力・表現力」を一体的に発揮します。だからこそ、教師もそれらを関連づけて育てることが大切なのです。

もし「思考・判断・表現」を無理に切り離したり、分析的にとらえすぎたりすれば、教師の意図と子どもの実

際が乖離してしまいます。

先ほどの農業経営について問う場面で言えば、子どもに考えさせる機会として設定する分には素晴らしいアプローチですが（今後ますます大切になってくる）、だからといって、「この授業場面では、子どもの『判断力』だけを育成する」などと考えないほうがよいでしょう。そのようなとらえをしてしまったら、学習活動の評価の段階でどうすればよいかと戸惑ってしまうのは、ほかの誰でもない、教師自身です。判断場面を設定して、思考力、判断力、表現力を育てると考えればよいのです。

3　子供の「思考・判断・表現」を見取るむずかしさ

たとえば、3択問題などの形式で、その子の「思考・判断」を評価することは可能でしょうか。

3択問題には、前提として示される情報（資料）を活用して選んだとすれば「資料活用の技能」が、学習したことを思い出して選ぶとすれば「知識・理解」が表出されます。このような様式では、「思考・判断」の評価は困難でしょう。そこで、「思考・判断」に「表現」をくっつけて記述表現などをさせ、3つの力を切り離さずに子供を見取るのが「思考・判断・表現」の観点の趣旨です。

もちろん文章だけでなく、図解やイラストなど幅広い記述を想定することができますが、それらについても文章による説明があったほうが評価しやすくなります。これは教師の評価のための技術と言ってもよいものです。

「私は〜だと思います・こう考えます」の後に、「なぜなら…」「それは…」と理由や具体的事実をつけて表現させることの意味がここにあります。「根拠のないままの考えじゃだめだよ」「考えを表現するときは論理の説明が必要だよ」と指導を行き渡らせることで、その子の思考の過程に迫っていくわけです。このように思考の仕方と表現の仕方を一緒に育てるのが学習指導上の戦略です。

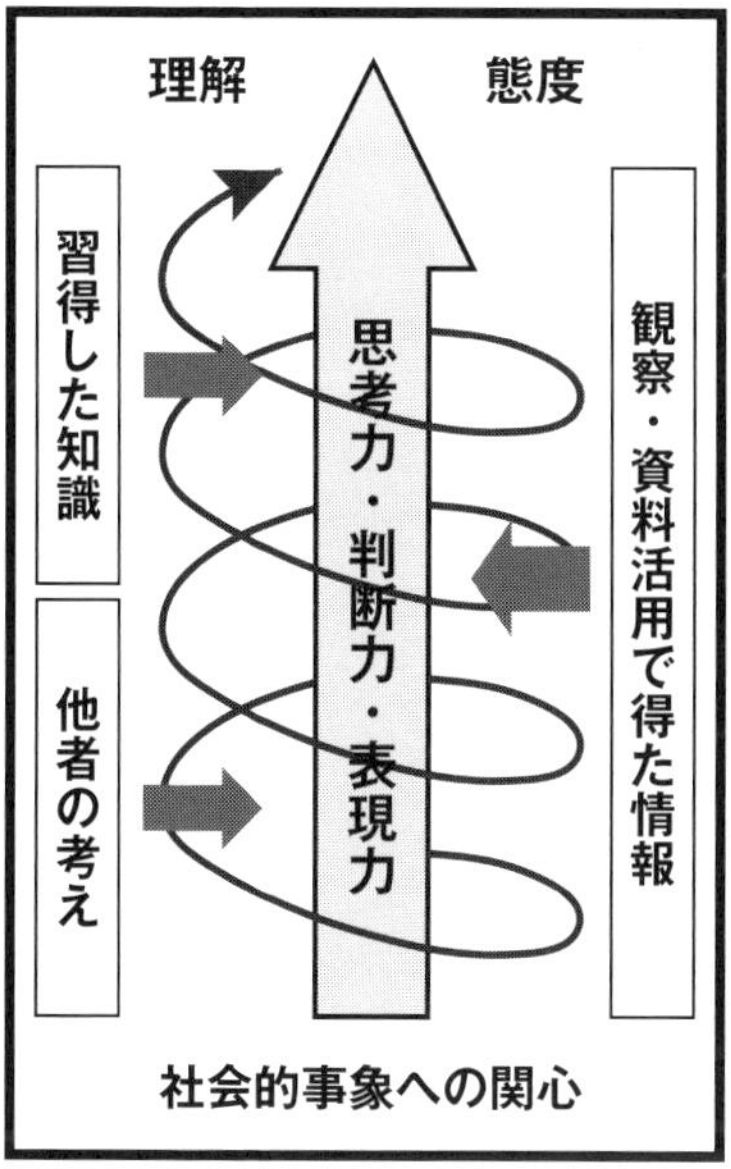

資料3

ここで注意しなければならないことは、**思考力・判断力・表現力の育成のみが、社会科におけるゴールではない**という点です。社会科は理解・態度、能力それぞれの目標と内容の構造をもっています。学習指導要領に示される一つひとつの内容について意味を考えながら理解していくことを重視しています。さらに、理解に基づいて態度形成を図ることを目指しています。

こうしたことから、**社会科では「物事を理解する」「理解したことを生かそうとする」地点こそ大切なゴール**だと考えることができます。子供たちが物事の理解に至る、理解したことを生かそうとするためには、どこかの授業場面で必ず自分なりに考える過程、表現する過程が必要となるのです。

社会参画と協働的な学び

1 なぜ「よりよい社会の形成に参画する資質や能力」なのか

先にも述べたとおり、平成２０年の学習指導要領の改訂において、社会科の教科目標にある公民的資質については、「よりよい社会の形成に参画する資質や能力の基礎を含む」という説明が解説書に加わりました。これは、教育基本法や学校教育法の改正を受けたものです。しかし、それだけではありません。社会の現実を見るとき、もうひとつ大切なことが社会参画の背景として見えてきます。

それは、**資料４**にあるように、日本の子供たちの社会への関心を低さ、かかわろ

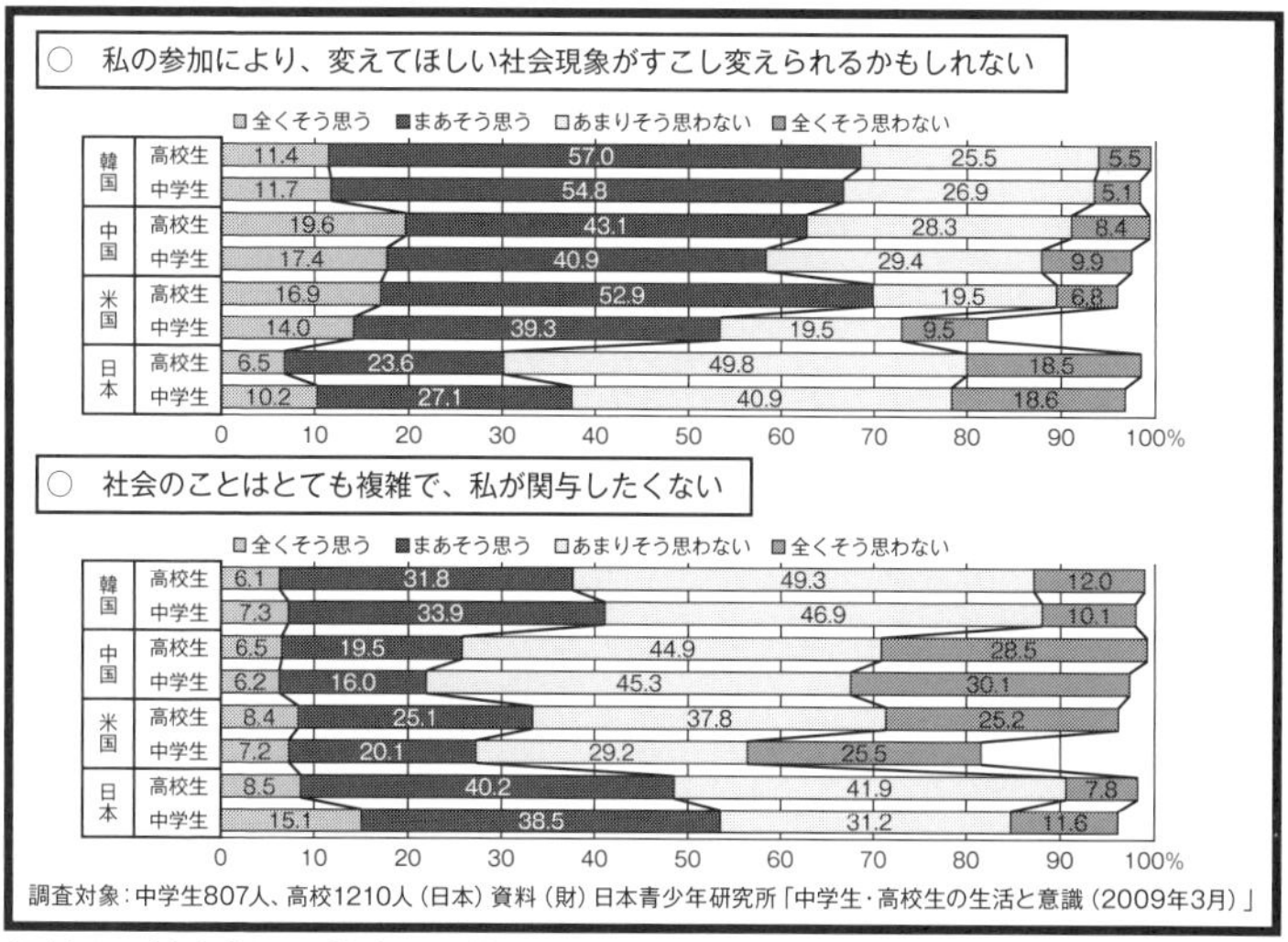

資料4　社会参画の態度の現状について

うとする意欲の低さという課題です。

日本は今後、世界中が経験したことのない人口減少社会に向かいます。そうした日本の国民が、力を合わせてよりよい社会づくりをしようという気持ちをもてなかったら、あるいは知恵を出し合ってさまざまな課題を協力しながら解決しようとしなかったら、どのような国になるでしょうか。想像すると怖ろしくなります。

義務教育の一翼を担う社会科において、「よりよい社会の形成に参画する資質や能力の基礎」は、これからの大切な柱になるものです。

2　社会参画への基礎を育てるふたつの軸

社会科の授業において、「よりよい社会の形成に参画する資質や能力の基礎」を育成しようと考える際、着目すべき文言があります。

それは、「形成」と「基礎」です。社会参画といっても、拙速に実社会での行動・実践を求めるものではなく、「形成」すなわち将来に向けた社会づくりに参画できるような人になるための「基礎」を培っていこうということです。ここでは仮に「社会参画への基礎」という言葉に置き換えてみます。

参画とは「計画に参加する」というとおり、人々が何を願って、どんなことをしようとしているのかをまずつかまないといけません。

私は、**社会参画への基礎を育てる授業には、ふたつの軸がある**と考えます。**ひとつは共感的理解。もうひとつが冷静な価値判断。**

お祭りの実践で考えるとわかりやすいのですが、学習指導要領上、お祭りについては、次のような変遷があります。いままでは「地域の人々の願いがあったからお祭りが続いてきた」としてきました。そこに伝統・文化尊重の視点で「受け継ぐ人がいるから続いてきた」という趣旨を加えています。

このことを踏まえて、次の実践を紹介したいと思います。

この学習のまとめでは、吹き出しを書いて、「学んだことを振り返りながら、参加する地域の人々と、祭りを受け継ぎ運営する人々が、お互いにどのような対話をするかを書いてみよう」というものでした**（資料5）**。

参加する人たちの吹き出しには、「いつもありがとう」といった感謝の言葉や、「楽しみにしている」という期待の言葉が書かれます。受け継ぐ人たちの吹き出しには、自分たちの意気込みが書かれるでしょうし、「もう少し若い人も参加してほしい」といった願いが書かれます。そういうお互いの願いや思いがつながり合い、対話になって、お祭りが続いていくというまとめをさせるわけです。

祇園祭のハイライトとなる
「山鉾建て」
クレーンなどで支えながら立てられると、沿道の人たちから拍手がわき起こった。
学習のまとめ
参加する側の人と運営する側の人は、どんな会話をするのだろう。
資料5

　このとき、学習者としての「私」が、双方の人たちに寄り添って書けるかどうかが、このまとめの肝となります。寄り添うとは、すなわち共感的理解。

　ただ、「共感」という言葉は慎重に使う必要があります。あまり強く情緒的に考えてしまうと、価値を一面的にとらえるという誤解が生まれ、課題が見えなくなることがあります。また、教師が「これは大事だ」と仕掛けすぎると、子供たちは教師の意図に反応して「これからも大切にしよう」など道徳的な価値だけに意識が向いてしまう怖れもあります。

しかし、こうした点に留意しつつも、子供たちが教材に共感できないと、社会参画というスタートラインに立てません。だから、軸のひとつは「共感的理解」。

そして、もうひとつの軸は、いったんクールになって「多面的に物事を議論できるか」です。この場合にも情意が前に出てしまわないような配慮が必要です。冷静な価値判断、意思決定ができなくなるからです。

共感と冷静さ。このさじ加減がむずかしいところです。

当事者性（自分ごと）が強すぎると、感情が強く出すぎるため、賛成か反対かで話し合っても議論にはならないでしょう。双方の立場に分かれて客観的・多面的に考えることがむずかしくなります。

共感だけして参画を考えさせると、「私も将来、農家をやる」「お米をいっぱい食べる」という意識になってしまいます。

だから、**共感的理解をもちつつも、当事者性と適当な距離を保ち客観的に価値判断できること。このふたつをバランスよく考えていくことが必要になる**のです。

そうはいっても、学校の周囲や市の地理的環境を調べたり、日本の歴史を学んだりと、さまざまな内容が織り混ざって構成されている社会科においては、すべての単元でこのような学習ができるわけではありません。学年の段階や内容に応じて考えていくことが前提になります。

3　社会参画への基礎を育てるふたつのベクトル

社会科の教科目標は、「社会生活についての理解を図り」からはじまります。この「社会生活についての理解」について、『小学校学習指導要領解説　社会編』では次のように説明しています。

社会生活についての理解とは、人々が相互に様々なかかわりをもちながら生活を営んでいることを理解するとともに、自らが社会生活に適応し、地域社会や国家の発展に貢献しようとする態度を育てることを目指すものである。

先のお祭りの例をもとに図解すると、次ページの**資料6**のようになります。祭りを通して人々が相互にさまざまなかかわりをもちながら生活していることを学ぶ。そして、「これから」の祭りや地域のコミュニティの在り方を考えたり、「自分たちの」かかわり方を考えたりする。これがふたつのベクトルです。

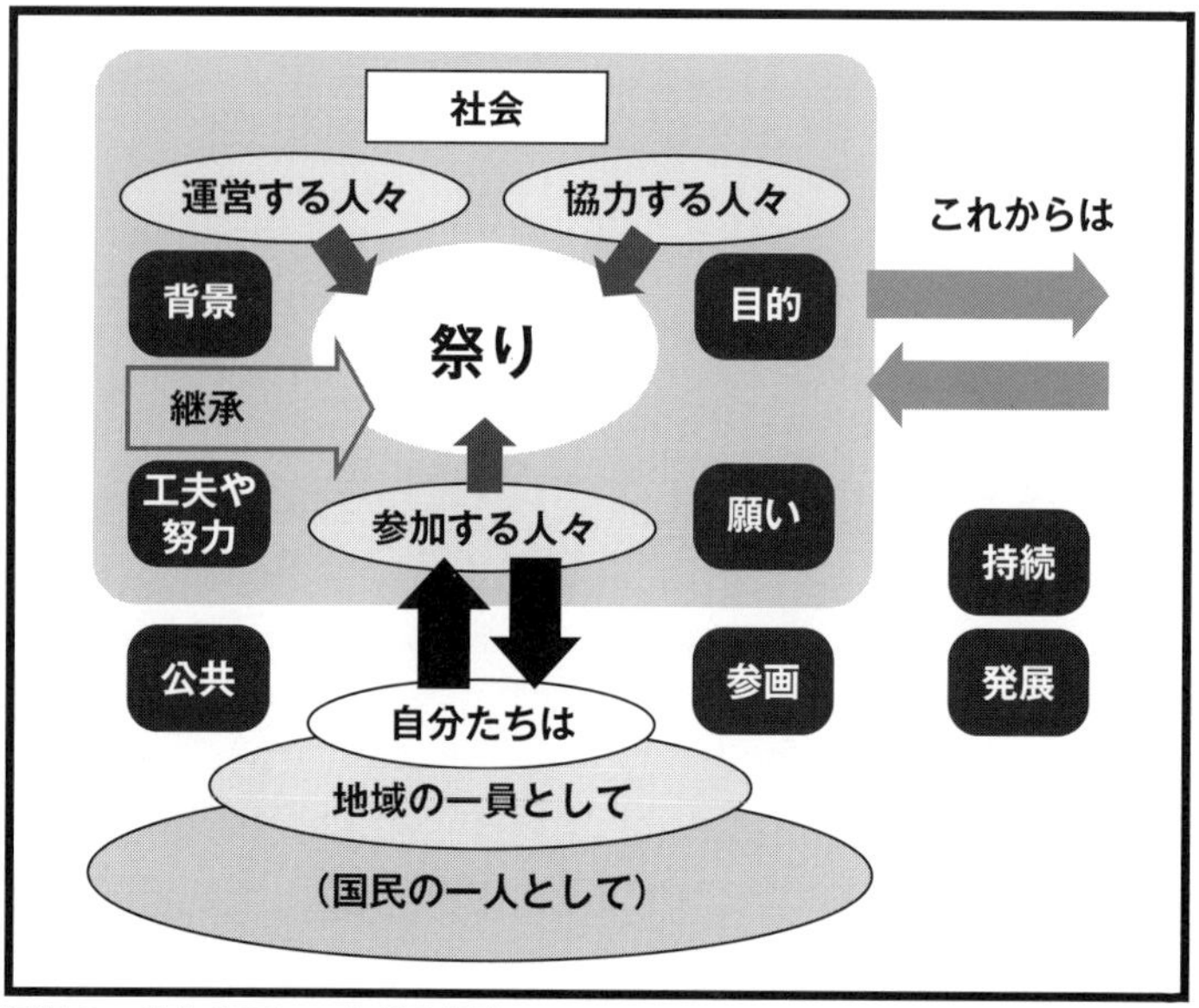

資料6　社会参画につながる学習

「これからは」と考えるためには「これまではどんな背景や努力があったのか」を見る必要があるし、「自分たちは」と考えるためには「自分たちにとって祭りは（地域は）、どんなものであるか」を見る必要があります。ふたつのベクトルがそれぞれ双方向になっているのは、ひとりよがりの未来予測や参加意識ではなく、社会の現実をよく理解したうえで参画に向かわせることが大切であるということを意味しています。

また、「自分たちは」の範囲（視野）が「地域の一員として」「国民の一人として」「世界のなかの日本人として」などと、学年の段階や内容に応じて広がっていくことも社会科では重視します。

いずれにせよ、**大切なことは、いま何がで**

きるかではありません。子供たちが将来、いざ社会に出たときに課題を解決するための糸口となるような引き出しをできるだけ多くつくることです。

社会科で育てようとしている態度（目標）は、関心、心情、愛情、自覚です。子供の内面を育てようとしているのです。それは将来にわたって社会にかかわろうとする意識、姿勢、構えです。

現在から将来にわたって、自分がどうかかわっていけばよいのかを考え続ける、関心をもち続け、問い続ける、そのような態度や能力を育てていくことが、「よりよい社会の形成に参画する資質や能力の基礎」を育てることの本当の意義なのです。

4　まずは問いをもって授業に参画

社会参画への基礎を育てる前提は、当然ながら子供が授業に参画することです。授業で「農家の田中さんはなぜ〜」といった問いを考えようとしなければ、その先にある「これからの社会は…」「よりよい○○は…」などと考えようとするはずがありません。

そもそも社会的事象というものは、子供からもっとも遠い場所にあります。「農家の田中さんは…」「自動車工場では…」などは、まさに人ごとです。子供はそうした人ごとの問題について、問題解決を通じて徐々に身近な距離に引き寄せていくのです。そのために必要なのが「問い」です。この「問い」をどうつくるかが社会科授業の肝になります。

「なぜ、こんなたくさんの種類の自動車をつくれるんだ」

「いろんな色がある。エンジンやグレードの種類もいっぱい」

「どうやってつくり分けているんだろう」

「流れ作業？」

「流れ作業でも、いろんな部品があるのにどうやって見分けているんだろう」

自分の日常から遠かったはずの自動車生産が、問いと予想とを行き来しながら少しずつ引き寄せられていくのです。

よく、「子供が主体的にかかわる」という言葉が使われます。ひと口に「かかわる」と言っても、「社会にかかわる」と「社会的事象にかかわる」があります。前者はその子の地域での日常生活そのものです。後者は、主体的に調べて解明していくというかかわりです。

社会科では、まず後者からスタートします。歴史学習などでは、そもそも前者のようなかかわりはできません。社会的事象そのものを自分ごとにするわけではないゆえんがここにあります。

社会的事象の「追究」を自分ごとにすること、これを「主体的な学習」と呼びます。

たとえば、水道局で働く人たちの仕事（社会的事象）に目を向ければ、「道路で水道管が破裂してしまったら夜中でも飛んで来るのかな？」「職員の人たちはどんな協力をしているのだろう？」などと疑問がわいてきます。

その疑問を解き明かすために調べると、深夜に水漏れ点検をしている人たちがいることにつき当たります。その結果として、「水道局で働く人たちは、交代制で24時間守っている」が、その子自身の言葉になるのです。

もしかすると、その子は、家ではついつい水を出しっぱなしにしてしまう子かもしれません。しかし、そのことを云々するのではなく、「水って、いろんな人たちの努力の結晶。だから、蛇口を回せば水が出てくるんだ」という理解に基づいて、社会的事象を評価できるようにすることを重視するのです。

「蛇口さえあれば水が出ると思い込んだ某国の人が、日本から帰国するときにDIYの店で蛇口を買って国に持って帰った」という話があります。表面的な現象のみを見て理解したと思い込んでしまう例のひとつです。「食卓に出るアジの開きが好きな子が、水族館で泳いでいるアジを見ても、それが自分が日常食べているアジだとわからない」そんな話にも相通じます。彼（彼女）にとってのアジとは、既に開かれたアジなのです。

水道水について勉強したことがない子供は、水というものは「ひねれば出る」ものなのです。蛇口の向こう側がどうなっているのか、想像すらできないでしょう。しかし、水道水について勉強し、社会的事象に近づいて、人間の様相に触れて学んだ子供は、水をじっと見つめるだけでも違った見方を獲得しています。

傍目にはわかりにくくても、その子の頭のなかには多くのイメージが広がっています。こうした変化を社会科では大切にしているのです。

5　協働的な学びと社会科

平成２６年１１月、次の学習指導要領改訂の検討に向けて、文部科学大臣から中央教育審議会に対し諮問が行われました。この諮問文に次のような記述があります。

…実社会や実生活の中でそれら（知識や技能）を活用しながら、自ら課題を発見し、その解決に向けて主体的、協働的に探求し、学びの成果等を表現し、更に生かしていけるようにすることが重要である…

これに先立って平成25年に文部科学省から示された「第二期教育振興基本計画」の理念にも「自立」「協働」「創造」の3つが示されています。この真ん中にある「協働」は、学習スタイルとして、あるいは育てるべき能力として、これからますます重視される方向にあります。

翻って、社会科においては、こうした文書に俟つまでもなく、次のように「協働」を見据えてきました。

○学習活動の面から

平成20年改訂の前提となる中教審答申で「考えたことを自分の言葉でまとめ伝え合うことによりお互いの考えを深めていく学習の充実を図る」ことが示され、それが言語活動の充実の目標にもなっている。また、社会科で学ぶ社会的事象には多様な意味があるため、立場に分かれて（多面的に考え）話し合う（討論などの）学習活動が確かな理解につながる。また、実社会の課題は、一人では解決できない事項、社会全体で役割を分担して解決のために取り組むべき事項が多く、そのことをみんなで考える学習活動を大切にしてきている。

○学習内容の面から

社会科で取り上げる教材は、様々な立場で協力する（ネットワークなども含め）人々の協働する姿、力を合わせて課題を解決する姿が多い。

○態度に関する目標の面から

各学年の態度に関する目標には「地域社会の一員としての自覚」「我が国の産業の発展への関心」など、社会の一員としての姿勢を求めるものがあり、協働的に生きるための態度を養うものであると言える。

このように社会科は、従来から「協働」を重視してきた教科です。これからの学習のキーワードのひとつが「協働」であるなら、「友達や実社会の人々とかかわり合いながら協働的に問題を解決する」社会科授業の重要性をあらためて確認できるものと思います。

第3章

ついついやってしまいがちな社会科授業の「ある、ある」

ついやってしまいがちな社会科授業

1 つじつま合わせの授業

最後の最後に、つじつま合わせをしてしまう授業があります。

子供から出された意見のうち、教師にとって都合のよい意見だけを取り出して、まとめてしまう授業です。教師の思惑から外れた発言は、当然のことながら切り捨てられます。

「どんなことでもいいから、思ったことを言ってね、と促されたから発言したのに、先生は結局あの子の意見ばかり採り上げる」そんな受け止めが子供のなかに生まれます。

教師にしてみれば「いい発言」を拾っているつもりでいます。しかし、その「いい発言」は、先生の意図を先読みした発言かもしれません。「先生は、きっとこんなことを言ってほしいんだろうな」と。

発言が採用される子供が限定的となれば、教室に不公平感やあきらめ感が生まれます。

なぜ、つじつま合わせをしなくてはならなくなるのでしょう。

それは、子供の発言をそのつど整理できていない、あるいは子供の発言内容の意味を教師が理解できていないことにひとつの原因があります。その結果、発言させるだけさせておいて、最後の最後で意見を「選ぶ」ことになってしまうわけです。

子供の発言を理解できないまま、聞き取れないまま、次に進めてしまっては、子供からすれば、先生が一方的に進める授業となってしまいます。自分たちの発言を聞いていない、理解してくれていない、そんなふうに授業が進めば、子供は次第に発言そのものをしなくなります。

「選ぶ」のではなく、「つなぐ」ことが大切です。「つなぐ」ためには、子供の発言内容の意味を理解する必要があります。しかし、発言内容だけをよりどころにするだけでは、子供の発言の真意はなかなかわかりません。

そもそも子供は、どういうふうに言えば大人（教師）に自分の意図を伝えられるか、その伝え方がわからない場合があります。殊に、教師の意図を推し量ることが苦手な子供であれば、なおのことです。このことをよく頭に入れておいたほうがよいでしょう。

では、どうすればよいでしょうか。実はそれほどむずかしいことではありません。

子供と教師間ではむずかしい意思疎通も、子供同士なら通じるということがあります。「もうちょっと説明してくれる？」と、まずは発言した子供にもう一度促します。それでもわからなかったら、「誰か説明できる？」「応援できる人はいる？」などと促して、ほかの子に説明してもらえばよいのです。すると、**大人に説明するのが得意な子が、教師と子供の間に立って、通訳を買って出てくれます。**

子供の発言の意図を理解し、意見をつないでいけば、最後の最後につじつま合わせをする必要がなくなります。

2　限られた子供しか発言しない授業

教師が発問を投げかけても、子供がなかなか発言してくれない、あるいは限られた子供しか発言しない授業があります。

これは、教師が自分の思惑どおりに授業を進めようとするあまり、いきなりむずかしいことを聞いてしまっているか、自分の都合のよいように子供の発言を歪曲してしまうことに原因のひとつがあります。このような場合、自分がそのようなことをしていることに、教師自身は気づいていません。

クイズ形式の発問もあまりうまくいきません。導入では興味を高めるのですが、終始それでは子供の発言を乏しくさせます。正解がひとつで、文字どおり一問一答になるからです。

子供は、何かしら思い浮かんでも、「正解かどうか」で身がすくんでしまい、発言を躊躇します。「なにか変なことを言ったらどうしよう」という気持ちが先行してしまうからです。結果、すでに正解を知っている優秀な子供だけが発言する授業になります。

それでは、多くの子供から多様な発言を引き出すにはどうすればよいでしょうか。私は、発問をする際、次の順序を踏むことを勧めたいと思います。

①「これは何ですか？」（一瞬で見て答えることができる）
↓
②「みんなが知っている○○とどんなところが違いますか？」「疑問に思うのはどんなところですか？」（よく見て調べて答えることができる）
↓
③「何のためにあるのですか？」「なぜこのようになっているのですか？」（考えなければ答えられない）

②から③にかけて、答えが多様に広がっていき、いろいろな観点や内容から発言が許容されるようになります。事実から様子や特徴へ、そして意味へと問いが高められていきます。

それは、すなわち「よく見つけたね」「なるほど、いいところに気づいたね」「よく考えたなあ」などと教師が受容しながら受け止めることができる発問です。

もう一つテクニックがあります。教師自身が答えがわからなければいいのです。

もちろん、授業者である教師が答えを知らないわけがありません。だから、わからないふりをするのです。

「どうしたらいいいんだろうね。むずかしいなあ。みんなで考えてみようか?」

その瞬間、子供の思考スイッチがカチッと入ります。

3 「はい、わかりました」の授業

まれに見かけるのですが、終始「はい、わかりました」の授業があります。こうした授業では、情報提示や発問はしっかりなされているし、授業の進行もスムーズでブレがなく、一見するといい授業であるかのように見えます。

しかし、よくよく見てみると、教師が情報を提示するごとに「わかりました」、友達が発言しても「わかりました」が繰り返されていることに気づきます。「あれ?」「どうして?」と子供が疑問に思う場面がないのです。このまま最後までいってしまうと、やっぱり「わかりました」で授業が終わってしまいます。

誰にとっても「そうだよね」と思うような情報しか提示していないことに原因があります。だから、考えるまでもなく「わかりました」になるのです。

1時間の授業のなかで、子供が考える場面、子供同士の意見が分かれるような場面をつくることの大切さを示唆してくれる例だと思います。

考える場面が生まれるためには、子供同士が「ああじゃないか」「いや、本当はこうじゃないか」と言い合える事実を提示できるか、あるいは焦点化された問いがつくれるかどうかだと思います。ひとつの情報をもとに、子供たちが「あれ? なぜなんだろう」と自分なりの考えを出し合うような授業であれば、決して「はい、わかりました」には終始しません。

研究授業などでよくあることですが、子供がなんと言おうと、教師が次の情報を出して一方的に進めていく授業では、参観者（教師）も納得しません。「まあ、先生、がんばったよね」と一定の評価はしつつも、心のなかでは「でも、あの子の発言は途中で消えちゃったなぁ」と。

教師が介在してストーリーをつくる

1　発問と情報提示

子供たちからはさまざまな意見が出されます。いい意見もあれば、間違った理解に基づいた意見も出されます。社会科は、そうした意見のすべてを大切にします。しかし、だからといって、十把一絡げで「みんな違って、みんないい」としてしまっていいわけではありません。それでは、結局何が正しいのか、本当に価値あることは何なのか、そこにどのような学びがあるのかが誰にもわからない、あいまいな授業になってしまうでしょう。

社会科の授業づくりは、舞台をつくる試みと、どこか相通ずるような気がします。舞台にはストーリーがあります。脚本をもとにして、さまざまな場面ごとにどのような演技をするのかをつくっていきます。家族と団らんする場面をつくったら、次に自分の部屋で一人で考え込む場面をつくったりします。

稽古する順番も、必ずしも時系列ではありません。ラストの場面を最初につくる場合もあるでしょうし、そもそもインスピレーションにしたがって演技を重ねながら、同時進行で脚本をつくるような試みもあります。

このようなさまざまな断片を集めてひとつの作品にまとめあげるために、演出家が演出します。稽古のときには細切れの場面が、舞台の上でひとつのストーリーになるのです。

授業も同じ。ストーリーが必要です。子供の学びが生まれるよう、子供の発言（場面）をつなぐ、頸木《くび》となるようなストーリーです。

そして、教師は演出家です。しかし、そのさじ加減はむずかしいものです。そこで、大事になってくるのが発問と情報提示です。

「なぜ？」

「本当にそうかな？　これを見て」

「何を理由に言っているの？　ここに根拠はあるかな？」

「ここに注目してみよう。つまりどういう工夫と言えるかな？」

「たとえば、それはどんなこと？　この資料から言ってみて」

教師の適切な発問を通じて、いい加減だったこと、あいまいだったことが一つひとつ剥離していきます。

ひとつの議題について話し合う学級活動などとは異なり、社会科では情報をもとに話し合います。つまり、発問と情報提示は、教師のつくったストーリーを支えるツールと言ってよいでしょう。

2 「褒める」「聞き返す」「誘導する」

教師の意図を外れ、思わぬ方向へ単元のストーリーが展開してしまうことがあります。いいほうへ転べばよいのですが、どうにもならなくなるときもあります。

それには、教師の側にも原因があります。適切な発問や情報提示を行っていなかったり、本当に大切にしなければならない子供の発言を聞き逃したりしているときがあるからです。また、こうしたこと以外にも、もうひとつストーリーから外れる大きな原因があります。

ここ数年、数々の授業を見ていて、「あれ？」と思うことがあります。授業中に子供を褒める先生が少ないことです。ただただ褒めない、ということではありません。褒めるべきときに、褒めていないのです。

授業で子供を「褒める」という行為は、単にその子の言動を称賛することではありません。新たな問いを投げかけるための「誘い水」なのです。「いいね、その意見♪」と褒めることによって、その次に「でも、それってなぜだろうね？」と新たに問いかけることができるのです。褒めずに突然発問するよりも、ずっと効果的に、これまでとは違う発言を子供から引き出すことができます。

たとえば、写真資料の提示場面を想像してください。

山が写っています。畑があります。鳥も飛んでいます。線路もあるから、きっと電車が通っているのでしょう。そんな写真です。子供たちもそのことに気づいています。しかし、教師の側が子供に最も着目してほしいと思っているのは、畑で作業をしているおじさんたちだとします。

ここで、子供が「畑にいるおじさんが腰をかがめてる」と発言してくれたとしましょう。ただ聞き取るだけでは「そうですね。腰をかがめていますね。ほかに何か気づいたことはありました？」となりがちです。

このような発問に対しても、子供たちは一所懸命に考えます。発言する要素が尽きてくると、今度は「空が青いです」「大きな山です」と事実（要素）を細切れにする意見に変わっていきます。

子供から出された意見はパラレルです。教師による価値づけが行われなければ、せっかくのいい意見がほかの意見に埋もれてしまうでしょう。教師の側が気づいてほしい事柄から離れていってしまうのです。

このときに「なるほど、腰をかがめているね。いいところに気がついたなぁ。でも、なぜ腰をかがめているのだろうね?」と問い返してあげたらどうでしょう。一瞬にして、山や鳥、線路という事実（要素）から、子供の関心を引き剥がし、畑で作業をしているおじさんたちに目を向けさせることができるのではないでしょうか。

ここで、「このおじさんたちは、なぜ1か所に3人集まっているんだろうね」とつぶやけば、さらに焦点化していくことができます。

1つの事象を軸とする（考える起点とする）ことで、漠然と見ていただけの「鳥がいるね」「山があるね」といった事実（要素）が、意味をもつ情報に変わってきます。

「ここは、もしかしたら高原かな」

「高原っていう感じだね。もしかしたら山の上のほうかな」

このように発言が発展していき、教師が意図する社会的事象に少しずつ近づいていきます。

ここまでくれば、「この村は、〇〇村というんだよ。この村のいちばんの特産物は何だろうね」と問うことができます。この問いに対して、子供は答えてくれます。それも、教師に教わった知識としてではなく、自分の気づいたこととして発表してくれるのです。

「キャベツだ！」

「そう、キャベツ。キャベツの生産量がこうなんだよ」と教師は発言できます。

　情報を提示しながらストーリーをつくっていくとは、こうしたことを言います。

　子供たちが気づいたこと、気づいたことをもとにして発せられた、どのような意見も無駄ではありません。**大切なことは、子どもたちのさまざまな意見をひとつの社会的事象に焦点化していけるようストーリーをつくり、教師が演出すること**です。そのための、情報提示であり、「褒める」「聞き返す」「誘導する」なのです。

3　子供の予想を大切にする

「あなたたちが調べたいことは何ですか？」と先生が尋ねている授業は、何となく子供主体の感じがしませんか？　しかし、このようなアプローチからはじまる授業は、まとめの段階まで来ると、なぜか子供不在で先生がまとめてしまっていたりします。「えっ、あの子の疑問は切り捨てちゃうの？」と、それこそ黒板いっぱいに並んだ子供の意見や疑問がなかったことにされてしまうわけです。

　このような授業をもって子供主体というなら、それはよいとはいえないでしょう。本物の子供主体とは、そうではありません。

たとえば、ある問いに対し子供がさまざまな予想をしたとします。子供たちの予想は確かに大事にしなければなりませんが、そうかといって、見当違いな予想を単に放置してしまっては、結局その子の予想を捨てることになります。

子供の主体的な学習をめざすことは、子供に丸投げすることではありません。子供が主体的に考えられる環境をつくる、水を向け子供を本気にさせて、ひとりで学習を進められるように仕向けることをいうのです。教師の手立ては、子供たちが主体となって調べ、謎を解明していくための道標を示すことです。適切な資料提示と発問や助言があれば、子供たちは独り歩きしてゆけます。

次に紹介するのは、江戸時代の「保津川」を教材とした実践です（京都市の事例）。

4年生の子供たちは、単元の最初の段階で「江戸時代の保津川に舟が通れるはずはない」と主張しました。事前の学習で江戸初期の絵図**（資料1）**を見ていて、保津川は曲がりくねっていることを子供たちは確認していたからです。

そこで教師は、1枚の写真を提示します。保津川を舟が通っている写真です**（資料2）**。写真の撮影時期は、江戸時代の終わりのころ。ここに子供たちの不思議、すなわち学習問題が生まれます。自分たちが調べた結果をもとに証明した事柄が、1枚の写真で覆されたわけですから。

この学習問題は「トンネル」のように「ある時期には○○ができなかった。でも、ある時期になるとできるようになっていた。いったいその間に何が起きたのだろう」というタイプです。

物事というのは、大きくは社会的事象か自然事象か、いずれかに帰納します。授業の最初の段階では、船が通れるようになった理由を自然事象としてとらえていた子供もいました。ここで闇雲に「思ったことを言ってごらん」と予想を促すばかりでは、謎を解き明かす話し合いにはなりません。子供たちの予想を絞り込む必要があります。

たとえば、こんな案配です。

保津川を舟が通っている写真の川岸を拡大した資料を提示し

江戸時代初めの頃の保津川を描いた絵図
・くねくねと曲がっている。
・岩がたくさん出ている。
・水の流れが速そう。
舟が通れたのかな？
資料1

江戸時代末期の保津川の様子を写した写真
あれ?舟が通っているぞ!
資料2

資料3

て言います（資料3）。

「本当に自然の働きで舟が通れるようになるの？　川岸は自然にこのようになるのかなぁ？」

このように疑問を促せば、資料の写真から、自然事象によって変化したわけではないことに子供は気づきます。「これは誰かがやったんじゃない？」という意見が出るでしょう。

この瞬間、子供たちのなかで「舟が保津川を通れるようになった」という事実が、自然事象から社会的事象にスイッチします。人の手が入っているなら、「通れるようになった」のではなく、「誰か」が「通れるようにした」というとらえです。そこにはきっと「目的」があるはずだ、と。

ある子がこんな予想をしました。

「何かを運ぶ必要があったんじゃない？　それで協力したというか…」

大正解。この発言から、この子には社会的な見方や考え方が養われていることがわかります。舟が保津川を下れるようになることの社会的影響（意味）に関心が向けられ、共通の目的を実現しようと人々が協力した、と予想しているからです。

先生が用意した資料をもとに、子供は懸命に「どんな人々が」「どのように川を改修したのか、船を工夫したのか」を調べます。そして、「ああ、こんなことをやっている」「あんなことをやっている」と説明を加え、自分なりの表現で調べたことを発表します。そして、みんなでまとめます。

「人々が岩をどけたり護岸工事をしたり船の構造を工夫したりして、力を合わせて保津川に船が通れるようにした。米などの穀物や生活必需品を丹波から京都に運べるようにするためだ。このことによって京都に住む人の生活が豊かになった」

このようなプロセスを経て、最終的に子供たちはトンネルのなかに隠された核心を突き止めました。

教師の手立ては、言ってみれば、子供に「なぜ」に対する自分なりの「どんな」「どのように」をもたせることでもあります。そのことが、これから調べていく対象を明確にすることにつながります。ここに「なぜ」と「どのように」の関係の仕掛けがあります。

4　子供の理解を揺さぶる

消防の働きの単元です（京都市の事例）。子供たちは、「消防署や警察など、たくさんの人が協力して私たちを守ってくれている」という関係図を描いていました（資料4）。みなひととおり書き終えたところで、先生が1枚のステッカーを取り出して、子供たちに見せます。「ああ、そういえば、先生、こんなステッカーを見つけたよ」

ステッカーの裏には、こんなことが書いてあります。

「地域の皆さんが協力し合って安否確認、救出・救護活動、消火活動などをしてください」

すると、子どもたちの表情が「あれっ？」となるわけです。「安否確認」はともかく、自分たちを守ってくれるはずの消防署や警察が、「私たちは助けないから、あなたたちで何とかしてください」と言っているようなものですから。

今度は「もう1回ステッカーを見てみよう」と言って、ステッカーの表面を黒板に提示します（資料5）。

ステッカーには、消防署の職員も警察官も描かれていません。一般の人々が協力して互いに救護し合ったり消火活動をしたりしているイラストです。実は、このステッカー、広域災害のときの心得を説くものだったのです。

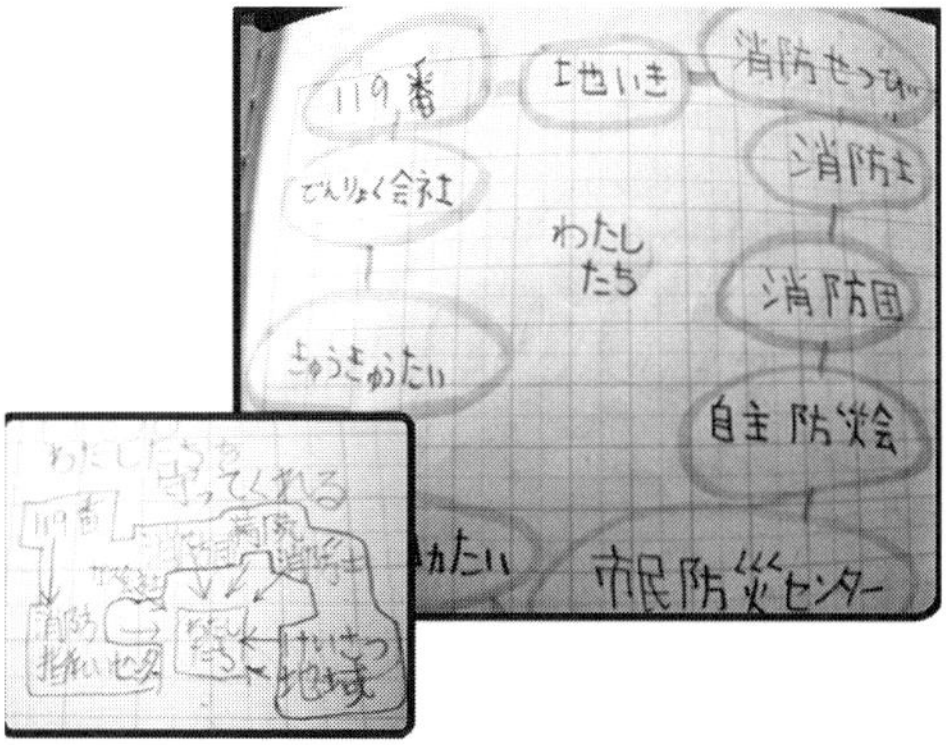

資料4

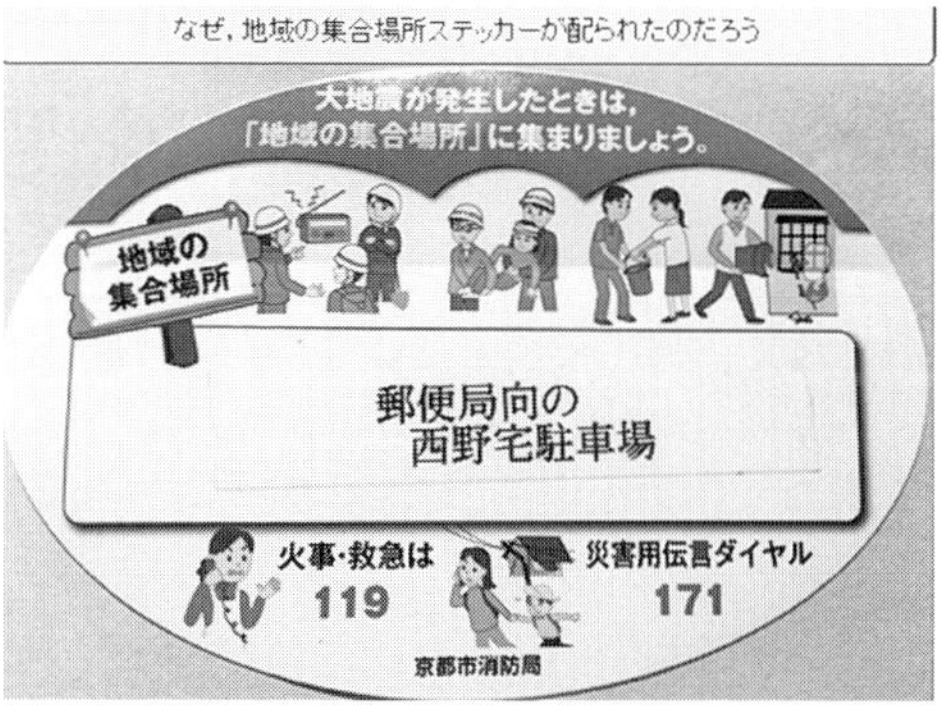

資料5

このように、自分たちの思っていたことがひっくり返されると、子供たちはそれまで以上に真剣に考えはじめます。そして、関係機関と協力して訓練する地域の人々の工夫や努力について学習した結果、最初に描いていた関係図の絵柄が変わりました。最初は、真ん中に描かれていた「私たち」。この文字の位置が変わりました。どこに「私たち」が入ったか。「地いきの方」のなかにひょっこり現れていました（**資料6**）。

それまでの学習で理解したことと矛盾する内容が提示された途端に子供が本気で考えはじめたという事例は、ほかにもたくさんあります。

「私たちはみんなに守られているから安全です」こうした理解はそもそも正しいでしょうか。正しいとするならば、なぜ事故や事件はなくならないか、火事は発生するのか…。このとき、「本当かな？」という教師の揺さぶりが、子供の思考をフル回転させるのです。

関係の諸機関は、事故や火災が発生したときには、協力し合いながら一刻を争って迅速に対処してくれています。これは本当です。しかし、安全を守る、日々安心して暮らすためには、自分たちを含めた地域住民の協力が必要です。社会科の教材には、「理解したはずの事柄が、実は理解されていない」「わかったから、かえってわからなくなった」そんな社会的事象の面白さが潜んでいます。

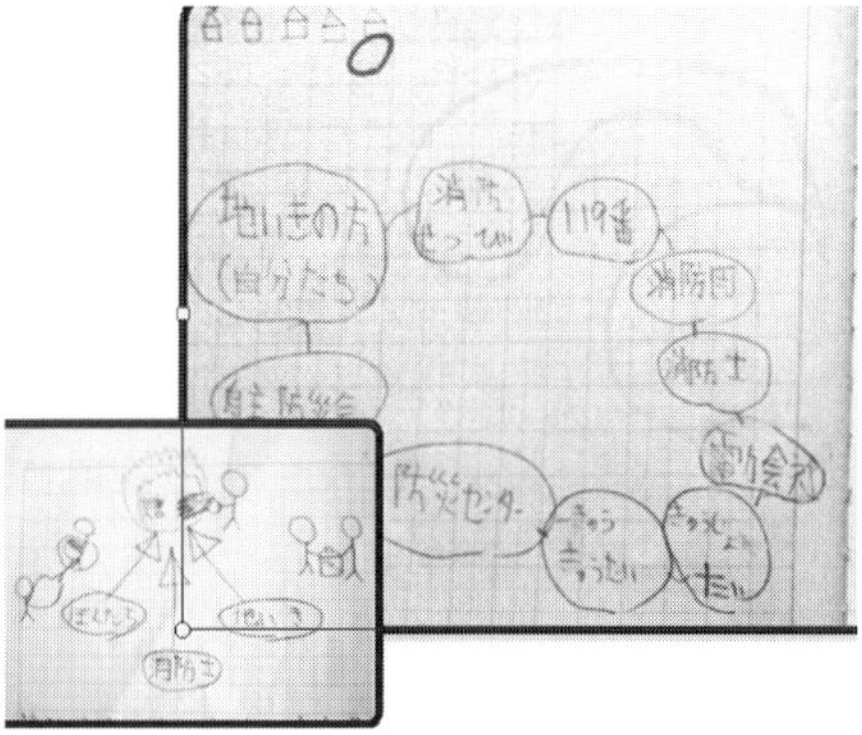

資料6

授業のよさは教材4割、学級経営6割

よく言われることですが、指導案からは推し量ることのできない、よい授業というものがあります。

とくに変わったことをやるわけではない、ある意味では教科書どおり、指導書どおり。にもかかわらず、子供たちからは闊達な発言が飛び交い、知的な予想に満ちた驚き、お互いを高め合うような学び合いが生まれる社会科授業を実現しているというケースです。

一方で、こんな授業もあります。

斬新な教材、驚きのある発問、誰もが「これはおもしろそうだな」と認める指導案。にもかかわらず、子供たちの挙手が少ない、同じ子ばかり発言している、何をしていいのかわからずぼんやりしている子、集中が切れてしまって遊びはじめてしまう子がいる。こうした授業では、教材研究や指導案は素晴らしいはずなのに、学びの深まりが見られません。

どちらもいまひとつしっくりこない対照的な授業です。では、なぜこのようなことが起きるのでしょう。

理由はいくつか考えられますが、優れた社会科授業には、次の要素がいい配合でブレンドされていると言われます。それは、こんな配合です。

「教材４割、学級経営６割」

最初１５～２０分がよい授業というのは教材がよい授業、後半の２５～３０分がよい授業というのは学級経営がよい授業というブレンドです。

授業の本番は、後半の２５～３０分。子供たちがみんなで発言を重ねながら問題を解決していく場面です。しかし、いくらがんばってよい教材を準備し提示しても、（よい学級経営がなされていなければ）最初の15～20分しかもちません。やはり、授業で最終的に効いてくるのは学級経営なのです。

教材だけで勝負しようとすると、やたらと資料をもちだしてきて、説明も長くなり、教師の情熱とは裏腹に、子供の興味・関心がおいてけぼりになってしまう、結局「先生がやりたいだけの授業」になってしまうことも生じます。学級経営に優れた先生は、どんな教科等の授業であっても、子供の発言の引き出し方や受け止め方、子供同士のつなぎ方がうまいのです。

だからといって、教材研究を疎かにしていいわけではありません。学級経営が素晴らしいのなら、なおのことといい教材と資料を用意することで、さらなる教育活動の充実を臨むことができます。

＊

私は、社会科の教材研究を熱心に進めて研究授業の準備を行っている先生に対し、次のようにアドバイスをするようにしています。

「日々の学級経営に力を入れて、どの教科の授業であっても、子供の発言や相互のかかわり合いを大切にしましょう。日頃の積み重ねで『みんなで力を合わせて問題解決する学級』をつくるのです」。そして、「研究授業では30分の指導案を書きましょう。あなたのやりたいことは、その30分にまとめるのです。あとの15分は子供にプレゼント。そうすればきっといい授業になるから」と。

第４章

社会科授業の４つのデザイン

①「問い」のデザイン
②「教材化」のデザイン
③「協働的な学び」のデザイン
④「学習評価」のデザイン

「問い」のデザイン

1　1単元、1サイクル、1学習問題の授業

社会科の研究会では、指導計画を作成する際「1単元、1サイクル、1学習問題」を基本とする計画づくりが多く見られます。これは、**資料1**に示したように、社会科では、学習問題を追究・解決することを通して、単元の目標実現を意図するため、このような設計が多くなるのです。いわば、これが基本形。

この設計に基づいた社会科授業は、たとえば、次のような形になります。

【単元】事件や事故を防ぐ
【学習問題】だれが、どのようにして、事件や事故から私たちの安全を守っているのだろう？
【終末】警察と地域が協力して、事件や事故から私たちのくらしを守っている。たとえば…

このように「○○はどのようにしているのだろう？」という学習問題は、「○○

をしていた」で単元の終末を迎えます。

　これは「どのように型」の学習問題です（詳細は後述）。教師も子供も迷走しないで済むタイプなので全く問題はないのですが、もし「これが学習問題なんだ」と安易に決めつけてしまうと、内容によっては、「これからは」や「私たちは」という視点からの問いを設定しにくくなります。たとえば、せっかく「ゴミの分別や処理の仕方」について学んだのに、自宅での自分のゴミの分別には何の関心ももたなかったり…。社会科での「学習」が、日常生活を営む上での「学び」につながらないことにもなります。

　何も「1単元、1サイクル、1学習問題ではだめですよ」ということではありません。固定的な考え方で、「硬直化した社会科授業イメージ」に対し、その改善を考えてみたいのです。

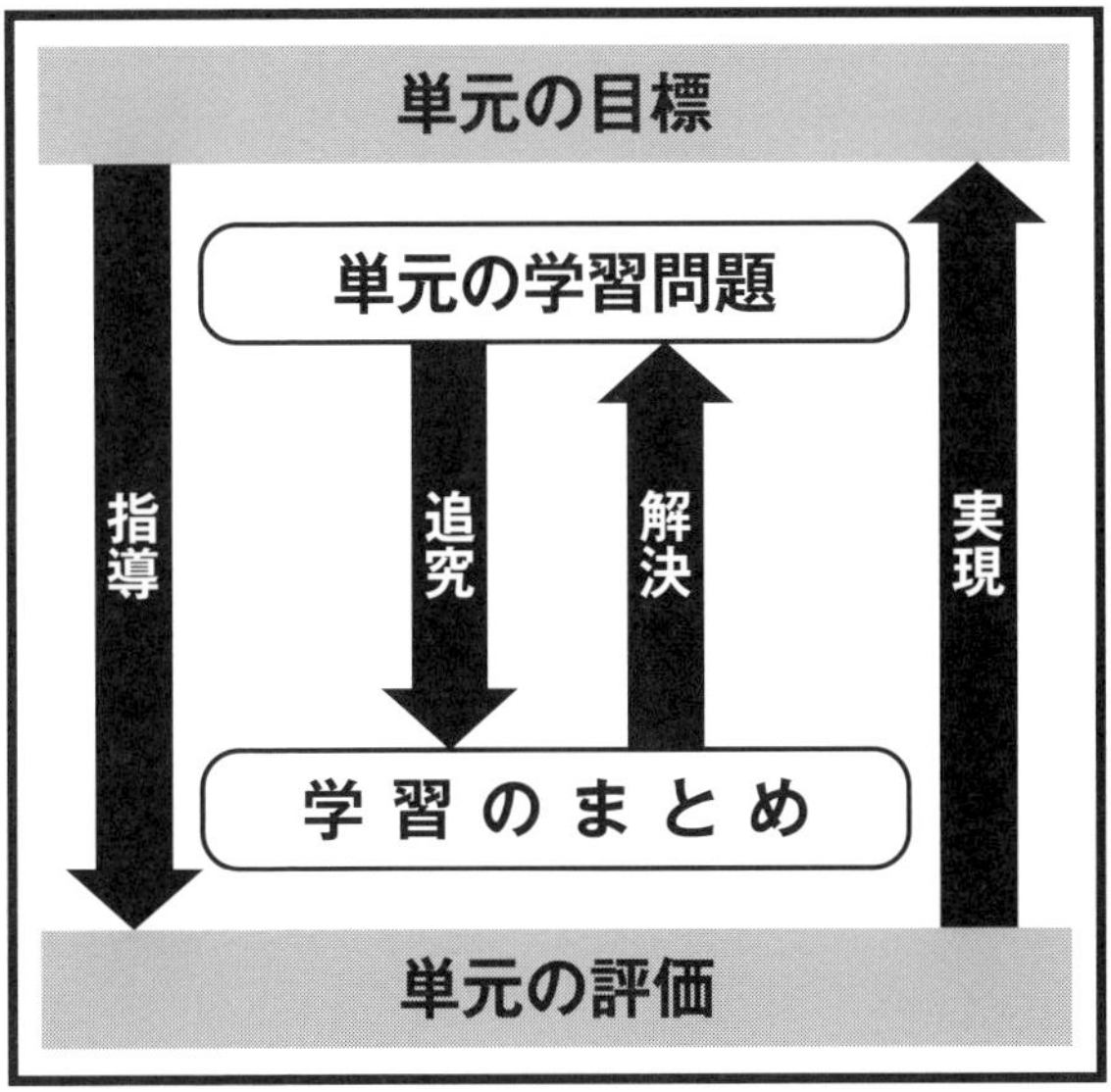

資料1

できうる限り、学年の段階や内容に応じて、「～は〇〇を工夫していた」というまとめの先にある「これからはどうすればよりよくなるか」「自分たちはどうかかわるか」という視野へ授業をもっていく挑戦をしてほしいと思います。

そこには柔軟さが必要です。たとえば、「小さな学習問題がもうひとつあってもいいじゃないか」そんな柔軟さです。

2 子供のなかで「問い」が生まれるとき

学習問題を設定する素地には、子供自身が「なぜだろう」と思う疑問が必要です。はじめから「自動車工場ではどのように…」などと、人ごと、よそごとの問題を提示しても、子供は本気にならないからです。

子供の疑問をどう引き出すか。それは、どのように社会的事象と出合わせるかにかかっています。

私たちは日常生活において、大根1本の値段にも一喜一憂します。Aマートでは1本150円、Bマートでは1本230円、安さだけを考えるならAマートで買うわけですが、「なぜ、2つの店で値段が違うのだろう」という疑問が湧けば、そこに学びが生まれます。

よくよく店の人に話を聞いてみれば、Aマートは産地直送で値段を抑えている、あるいは目玉商品として破格にしている、Bマートは農薬を使わずに栽培した有機野菜だということがわかったとします。このような店に並ぶまでのプロセスや、大根そのものの質によって、値段に違いが生じているという事実にいきつくわけです。

すると、今度は「なぜAマートは質よりも値段を優先するのか」といった新たな疑問が湧いてきたりします。思いつきのような疑問ではなく、「○○を調べてみたい」という焦点化された疑問を、ここでは「問い」と仮定します。

このように、何かを解決すると新しい問いが湧いて、その問いを解決すると、また新しい問いが生まれる。それを繰り返し解決していくのが社会科の授業です。

3 目標の裏返しが学習問題ではない

自動車の生産について学ぶ単元で「自動車工場では、客のさまざまなニーズに応える車をどのように生産しているのかを理解させる」を目標に設定し、それを裏返して「自動車工場では、客のさまざまなニーズに応える車をどのように生産しているのだろう?」という学習問題を設定している指導案を見ることがあります。

学習問題自体はこれでよいのですが、目標のほうはどうでしょう。

自動車のつくり方を覚えても、子供たちは明日、働くわけではありません。子供ですから、自動車を運転することもありません。それなのに、子供たちはどうして自動車づくりを理解しなければいけないのでしょう。

このように考えれば、自動車のつくり方は「調べること」であり、子どもたちに考えさせたいことはその先にあることに気づくはずです。その地平に辿り着いてはじめて目標は実現されます。

この単元の目標は、「自動車のつくり方の理解」ではなく、「質の高い工業製品が、国民生活の向上や産業の発展に重要な役割を果たしていることがわかる」ことなのです。

学習問題は、単元の単なるスタートでもなければ、目標の裏返しでもありません。目標に辿り着くための道しるべです。「あれ？」と子供たちが気づいたことを起点として、学習問題を追究するなかで、だんだんと自動車生産という「社会的事象」の意味の理解に近づいていきます。また、「客のさまざまなニーズに応える」というキーワードの追究から、高い技術力や優れた研究開発に迫り、国民生活や産業に果たす役割に近づいていきます。だからこそ「なぜ自動車について学ぶのか」への必要感が、子供たちのなかに芽生えてくるのです。

4　学習問題を子供のものにする

何かを意味づけるためには、その前提として、題材が自分ごとになっている必要があります。しかし、当然のことながら、単元の最初の段階（教師からの情報提示がなされている段階）では、子供の受けとめは受動的です。自分ごとではありません。

優れた授業では、いつかどこかの段階で、学習問題が自分ごとに切り替わります。その多くは「本物（人）」が登場したときです。

よく「思いを借りる」「課題を借りる」と言います。たとえば、その道のプロが学校に訪れて、「私はね、こんなことで悩んでいます。ぜひ、この悩みを解決して世の中の役に立ちたいのです」と言った瞬間に、子供たちには「○○を解決するにはどうしたらいいか」と心が乗り移ります。本人が直接登場しないまでも、写真やビデオなどの資料で登場したり、文書資料のなかに出てきたりするだけでも大きな力が働きます。

そもそも、子供にとって社会的事象というものは得体が知れないものです。たとえば、目の前にあるガラスのコップ。ただ目にするだけでは、何の感慨ももちえないでしょう。しかし、このコップをつくった人物が見えてきたら？　その途端、子供たちの感性が働きはじめます。

「一所懸命つくっているな」「すごい技だな」とか、子供たちの情意が動き出します。「本物（人）」が介在する前と後では、コップの見え方が変わります。ガラス細工に、人の「技」が介在していることを知るからです。

5 「なぜ」と「どのように」の組み合わせに着目

「社会科は、ちょっと…」と口を濁す教師の苦手意識を生む原因のひとつに学習問題があるのではないでしょうか。子供のなかから純粋に「なぜ？」という学習問題が生まれるのか、疑問をもっている教師も少なくないかもしれません。しかし、基本的なことを理解していれば、実はそれほど悩むことがらではないことに気づきます。

学習問題には、複数の「型」がみられます。こうした「型」を踏まえて実践すれば、授業は迷走しません。仮に、単元のストーリーから外れることがあったとしても、ちゃんと戻ってくることができます。

たとえば、こうした「型」のひとつに「なぜ型」があります。社会科が苦手な先生方がとっつきやすいと思いがちな「型」。学習問題なのだから、「なぜ？」と問わないといけないと思い込んでしまうようです。

しかし、何の知識もなく、まだ自分ごとになっていない子どもたちに対して、単元の最初の段階から「なぜ?」と問うには無理がある場合があります。こうしたときに有用なのが「どのように型」。**最初の課題解決を「どのように型」にしておくと、子供たちにまず知識レベルの知見を得させることができる**からです。これもひとつのテクニック。

「意味がわかった」(なぜ型)ではなくて、「様子がわかった」(どのように型)にするのです。そうできれば、後々「なぜ型」へもっていくことができます。

もし「子供の疑問はすべてつなげないといけない」などと堅く考えてしまえば、いったい何に迫りたいのか、何を理解させたいのかが不明瞭な学習問題となってしまいます。学習問題の解決を図るための「なぜ?」が、「あれ? 私たちはいったいなぜこの学習をしているんだっけ?」となってしまっては、笑えない笑い話になってしまいます。

このような残念なことにならないよう、次のような手を使ってみたらどうでしょう。

自動車工場の学習を想像してみてください。

まず、工場のパンフレットを子供たちに見せます。そして「先生、これから自動車を買おうと思うんだ」と語りかけながら、グループごとに1枚配って「みんなはどれがいいと思う?」と問いかけます。すると、「先生は何色がいいの?」などと言い出して選びはじめます。

この発言にのっかります。

「えっ、そんなにいろんな色があるの?」

「えーと、色は8種類あるみたいだよ」

「じゃ、白でいいかな。それで決まり?」とさらに問いかけます。

すると、「エンジンも3種類あるよ」とか、「仕様が5種類あるよ」とか、「オプションはつけるの?」とさまざまな意見が出はじめます。

次第に、車を購入するにはいろいろな選択をしなければならないこと、同一の車種でも150種類以上ものバリエーションがあることに気づきます。

次に、「すごいね。これから自動車工場の学習をするから、ちょっと様子を見てみようよ」と言って、自動車工場の写真を意図的に1枚取り出します。

「何か気がつくことはある?」と問うと、子供たちは、1本のラインで車をつくっていることに気づいてくれます。

ここから、「確かに1本のラインでつくっているね。でも、これで150種類もの自動車を本当につくれるのかな。どうやってるんだろう」と言って学習問題に迫っていきます（**資料２**）。

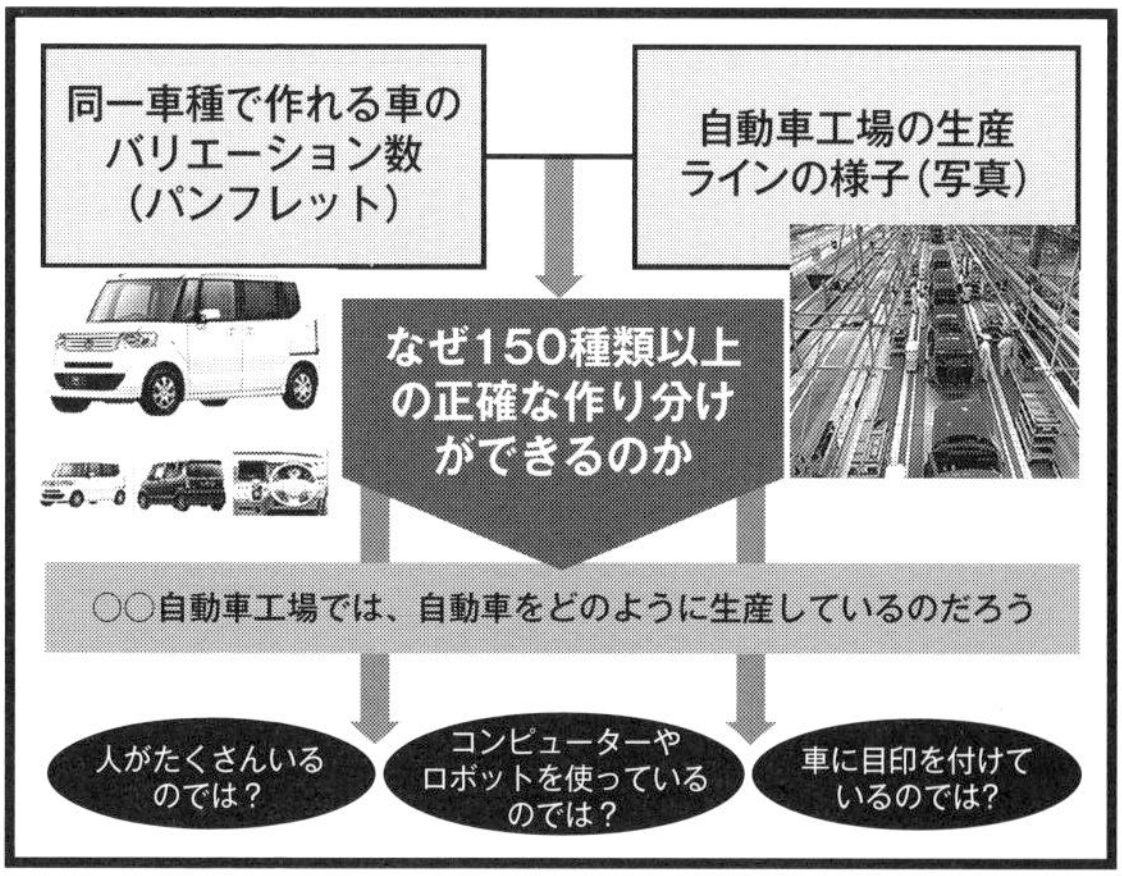

資料２

当然のことながら、子供が最初から自動車工場について勉強したいとは思っていません。なぜなら、自動車生産という社会的事象は、結局は大人社会の所作だからです。

大人社会とは、子どもたちから最も遠い場所にあります。こうしたことを知りつつ学習を成立させるためには、授業のある場面で**「大人の社会的事象を切り取って、子供の机の上に置いてみる」**ことが必要になります。

それならば、いっそ発想を変えて、教科書から離れたところからはじめてみることです。そして、問いによって、少しずつ子供が社会的事象に近づいていけるようにするのです。「何かおもしろそうだな」「つくり方を調べてみようかな」という意欲を喚起できればしめたモノ。このとき、子どもたちのなかに予想が生まれます。

「人がいっぱい力を合わせてつくっている」

「コンピューターを使っているようだ」

「人より、ロボットのほうが活躍してない？」

「部品に紙がぶら下がっているよ」

「ドアの後ろ側には何かマークみたいなものが書いてあるね」

「何か関係がありそう」

といった案配です。ここまでが子供たちの予想の段階。

さて、学習問題をどうするか。

一見、悪くないようでいて、しかも一番簡単なものだから、ついつい設定してしまいがちなのが、次のような学習問題です。

「なぜ、1本のラインで150もの車をつくれるのだろう？」

この学習問題には落とし穴が潜んでいます。それは、「なぜ1本の…」と「なぜ型」の学習問題を単元の最初の段階にもってくると、「なぜ」の答えがひとつ見つかった時点で、その子の解決になってしまうという落とし穴です。

この場合、子供の理解は自動車生産の一部の理解に留まってしまいます。また、焦点化された問いでもあるので、「工業の〜について理解する」という目標に届かないこともあります（このことを常に頭に入れておいてほしいと思います）。

もし「なぜ」を学習問題にしたいときには、単元の最初の段階ではなくて、みんなの予想を共有したり、調べたことを集めてもう一度みんなで考えさせたいときに、「なぜ？」と問う場面を設定するとよいでしょう。

では、「〇〇自動車工場では、どのようにして自動車をつくっているのだろう」という学習問題だったらどうでしょう。「これからみんなの予想を基に、どのようにつくっているかを調べていこう」という案配です。

一見すると、何のおもしろみもない学習問題であるかのように見えます。しかし、このような問い方であれば、子供からいくつ予想が出されても、（どれも切り捨てられることなく）授業を進めることができます。

なぜなら、この学習問題は「自動車のつくり方を知る」という大きな方向性を示すものだからです。誰かの予想をもとにして学習を進めるといった取捨選択を行う必要がありません。しかも、その背後には、（言葉にはされていませんが）「なぜ？」が潜んでいます。このように、実は安定感のある学習問題なのです。

「どのように型」であれば、まずは工場の生産過程をしっかり学ぶことから学習がスタートします。すると、たくさんの情報をもとに理解を深めていくことができます。

そうであるからこそ、授業の終末の段階で子供たちの考えを束ねるときに、全体像から俯瞰して確かな理解につなげていくことができる、すなわちみんなで学習問題についての結論を得ることができるのです。

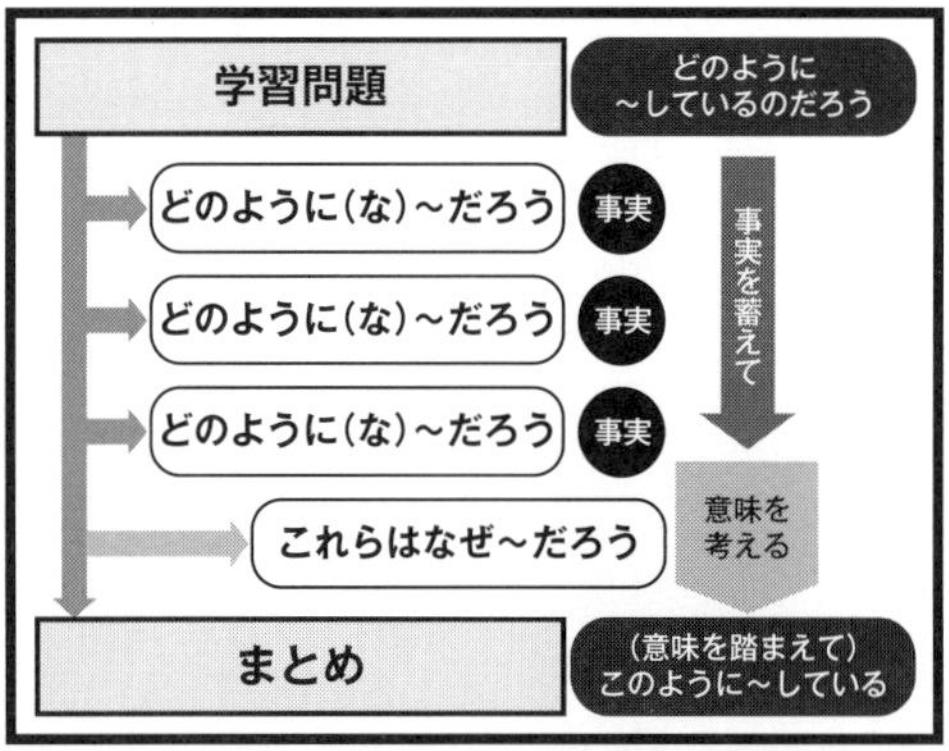

資料3　「どのように」型の入れ子構造

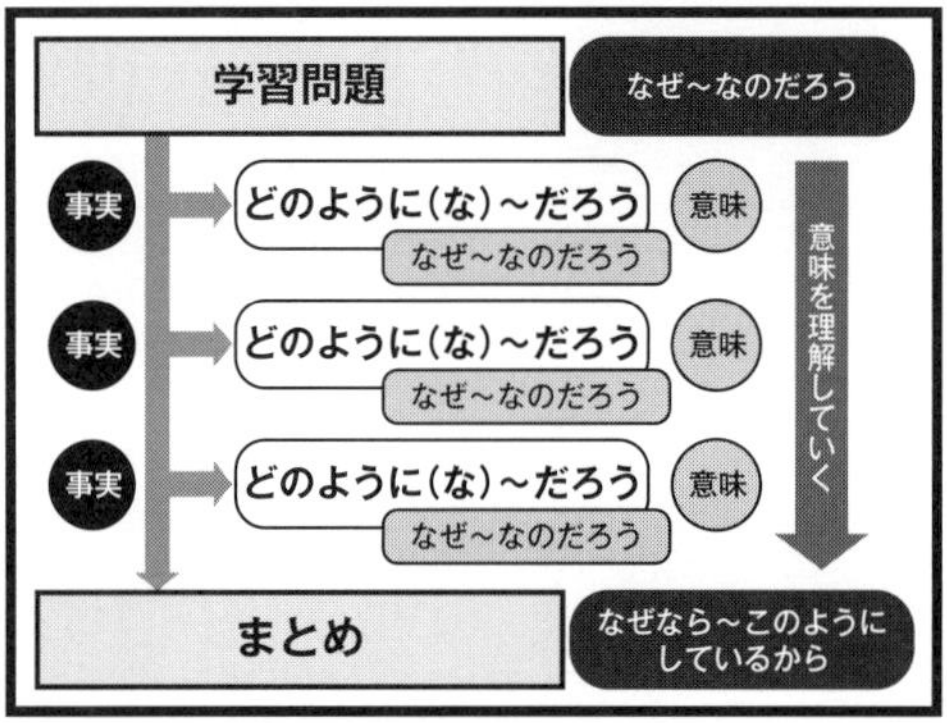

資料4　「なぜ」型の入れ子構造

しかも、子供たちの予想が生かされますから、「注文票」「人々の仕事の様子」「ロボットの働き」「コンピュータによる工場全体の管理」を順番に調べていこうと促すことができます。これが学習計画となるわけです。「なぜ？」を単元の学習問題にして、一人ひとりの問題解決にもっていく例でも、実は「どのように」がセットになっています。なぜなら、意味は事実を拠り所にして考えざるを得ないからです。**資料3、4**のように、社会科の問題解決は、実は単元の学習問題と毎時間の学習課題（仮にこう使い分けます）の入れ子構造のようになっているのです。そのため、問いを単元全体で構造的に考えればよいわけです。

6　学習問題づくりには複数のスタイルがある

スタイルというと、形式を決めるように聞こえますが、そうではありません。実際に多くの授業を参観していると、結果として教師の手立てがいくつかの類型に分かれることに気づくのです。そこで、ここでは、それらをいくつか「〇〇型」として紹介してみたいと思います。

ア「疑問つなぎ型」学習問題

1枚の写真などの資料をもとに疑問を出し合って、それらの疑問をつなぎ合わせることで学習問題をつくります。

初任の先生や社会科があまり得意ではない先生が、意識せずに選んでいることが多い「型」です。一方で、子供主体の学習に対して信念とこだわりをもっている先生が、あえて選ぶ「型」でもあります。

　この型では、提示する資料のもつ情報の意味が勝負を分けます。

　資料5、6のように、子供の多様な気づきや疑問が生み出されるような資料が必要になります。

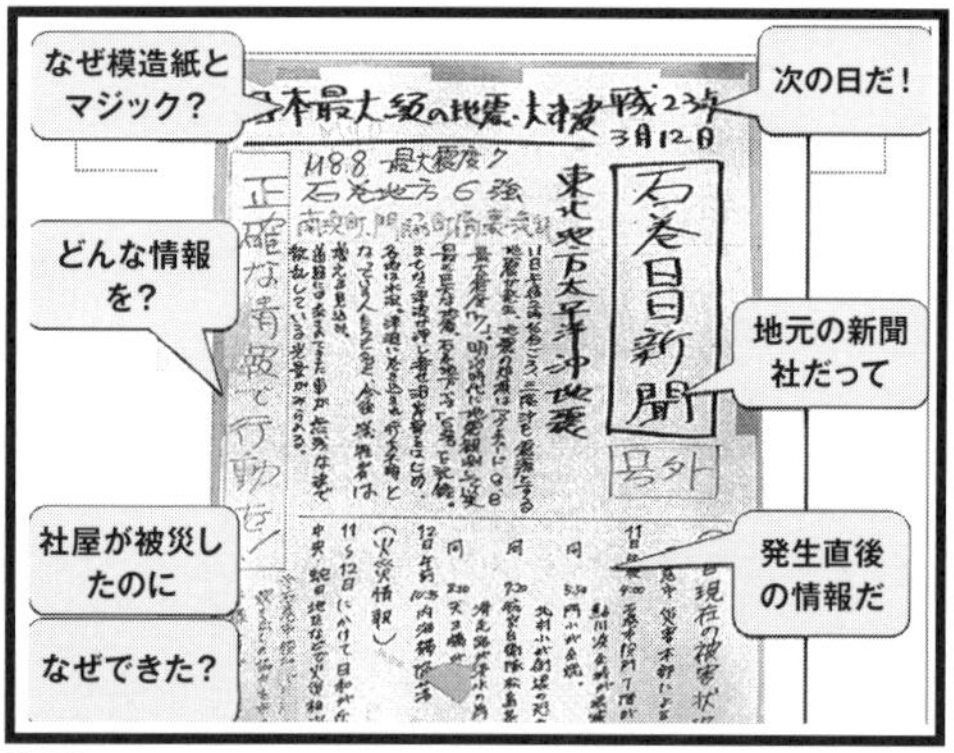

資料5

資料6

　一見すると、もっとも学習問題がつくりやすいかのように見えます。実際、この型で学習問題をつくる先生方は結構います。しかし、実は、最も高い指導技術を要求される技法でもあります。

　「何でも気づいたことを言ってごらん」と、あえてアウトプットを設定せず、それでいて教師の授業のねらいに迫っていこうとするわけですから、子供たちが発言する渦中で、教師がかなりしっかり舵取りしなければなりません。

とっつきやすそうでいて、実は後で苦労するのが、この「疑問つなぎ型」なのです。

＊

そこで次に、高等技術がなくても、またあまり無理をしなくても、子供たちが調べる事柄を明確にすることができる方法を紹介します。

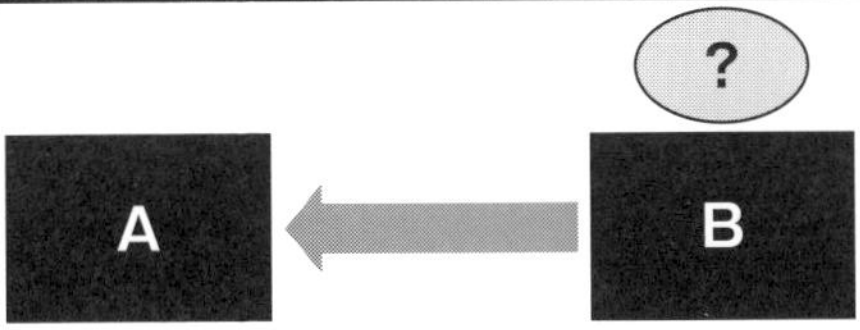

・Aと比べてBに問いをもち調べる事柄をつかむ

人口が増えているのに、なぜゴミの量が減っている？
北海道では～なのに、なぜ同じ時期の沖縄では～？
貴族の館と比べると、武士の館は？

人口が増えているのに、なぜゴミの量が減っている?
→ ゴミの減量には「どのような工夫や努力」があるのだろう

北海道では～なのに、なぜ同じ時期の沖縄では～？
→ 沖縄の人々は、「どのように気候に合わせた暮らし方」をしているのだろう

貴族の館と比べると、武士の館は？
→ 武士とは「どんな人々」で、「どのように世の中を治める仕組み」を作ったのだろう

資料７　対比型

イ 「対比型」学習問題

学習問題づくりの類型のなかで、一番うまくいきやすいのが、この「対比型」です**（資料７）**。

多くの疑問は「比較」から生まれます。これは世の中の常。何かが「多いなぁ」「お

もしろいなぁ」「不思議だなぁ」「すごいなぁ」と感じ入るのは、ある物事をほかの何かと「比較」したときです。その比較結果（事実や驚き）を口にしているわけです。「対比型」は、情報Aと比べることによって、情報Bの特色や意味に着目させるところに特徴があります。

たとえば、「人口が増えているのにゴミの量が減っている」「これは一体どんな働きからだろう」、こうした事実と疑問を単に「なぜだろう」で終わらせずに、そこから「どのような工夫があるのだろう」へと導いていきます。

このことは、情報Aと情報Bの対比表をつくることを意味するものではありません。すなわち、人口が増えているという事実とゴミが減っているという事実をそれぞれに追究させることが、授業の目的ではないからです。

学習問題づくりで大切なことは、問題文の表現にこだわるのではなく、「何を調べる方向に向かうか」にこだわることです。このことは、どんな類型においても共通です。

ウ　「トンネル型」学習問題

「これまでは情報Aだった、しかし、何年か経ったら情報Bに変わっていた」↓「情報AとBの間に何があったのか」というスタイルです（資料8、9）。これは、「対比型」の派生型ともいうべきものです。

例としては、歴史学習がわかりやすいでしょう。

たとえば、貴族が活躍していたイラストを提示し、「これまでは貴族の暮らしを学習したね」と振り返ります。その後で武士の暮らしや戦の様子のイラストを提示。「あれ？　○年後には、こんな社会になっているよ。この間にいったいどんなことがあったのだろうね」という問い方です。

そして、年表などを活用しながら「○○という合戦というのがあったんだ」「幕府というのが開かれたんだ」という事実に迫り、それらを調べてみようという導き方です。

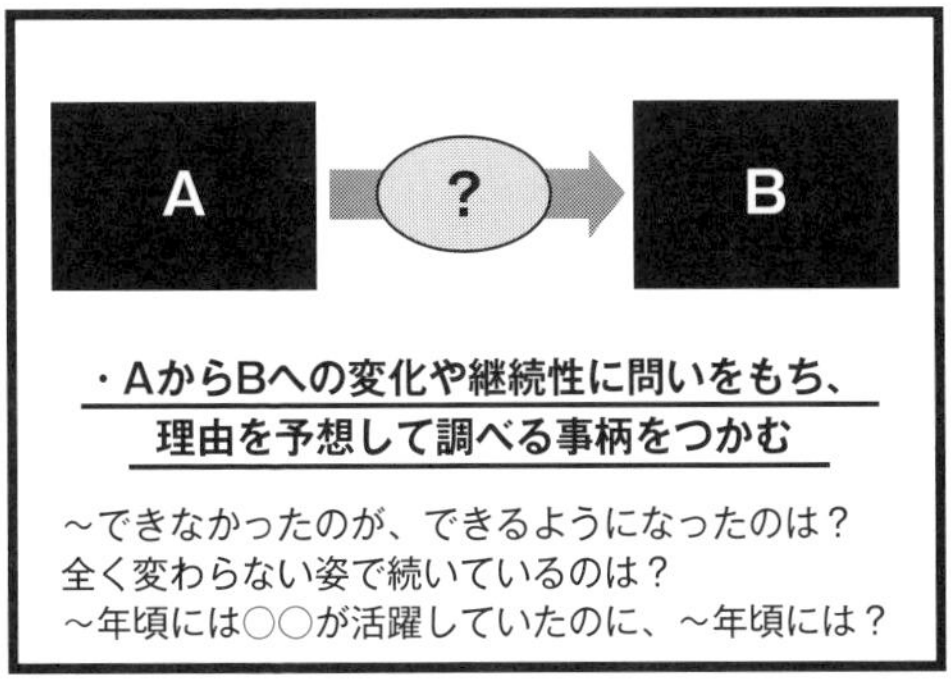

資料8　トンネル型

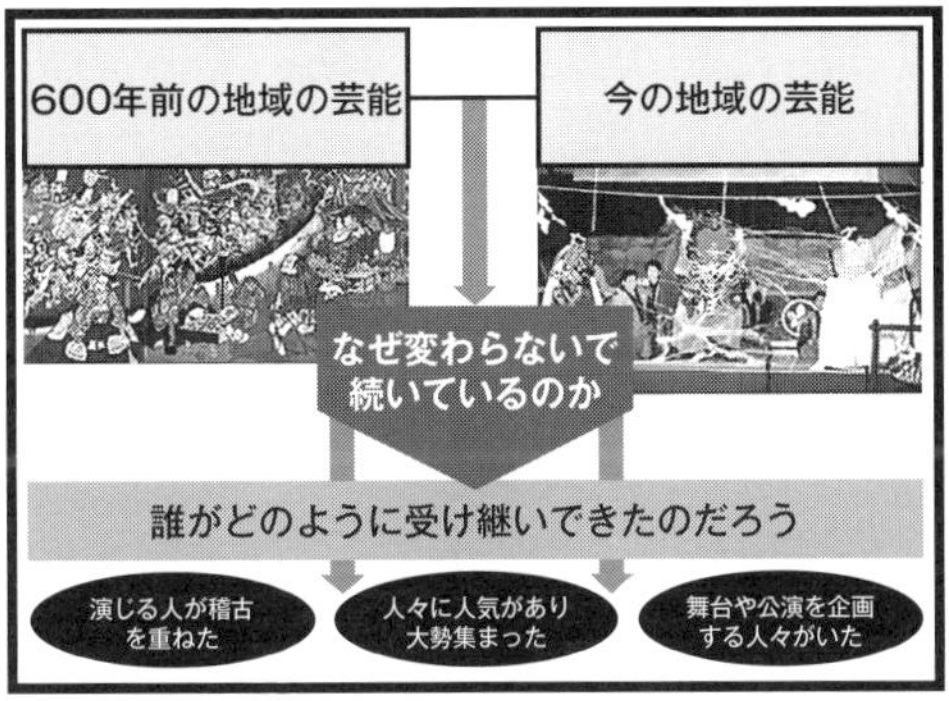

資料9

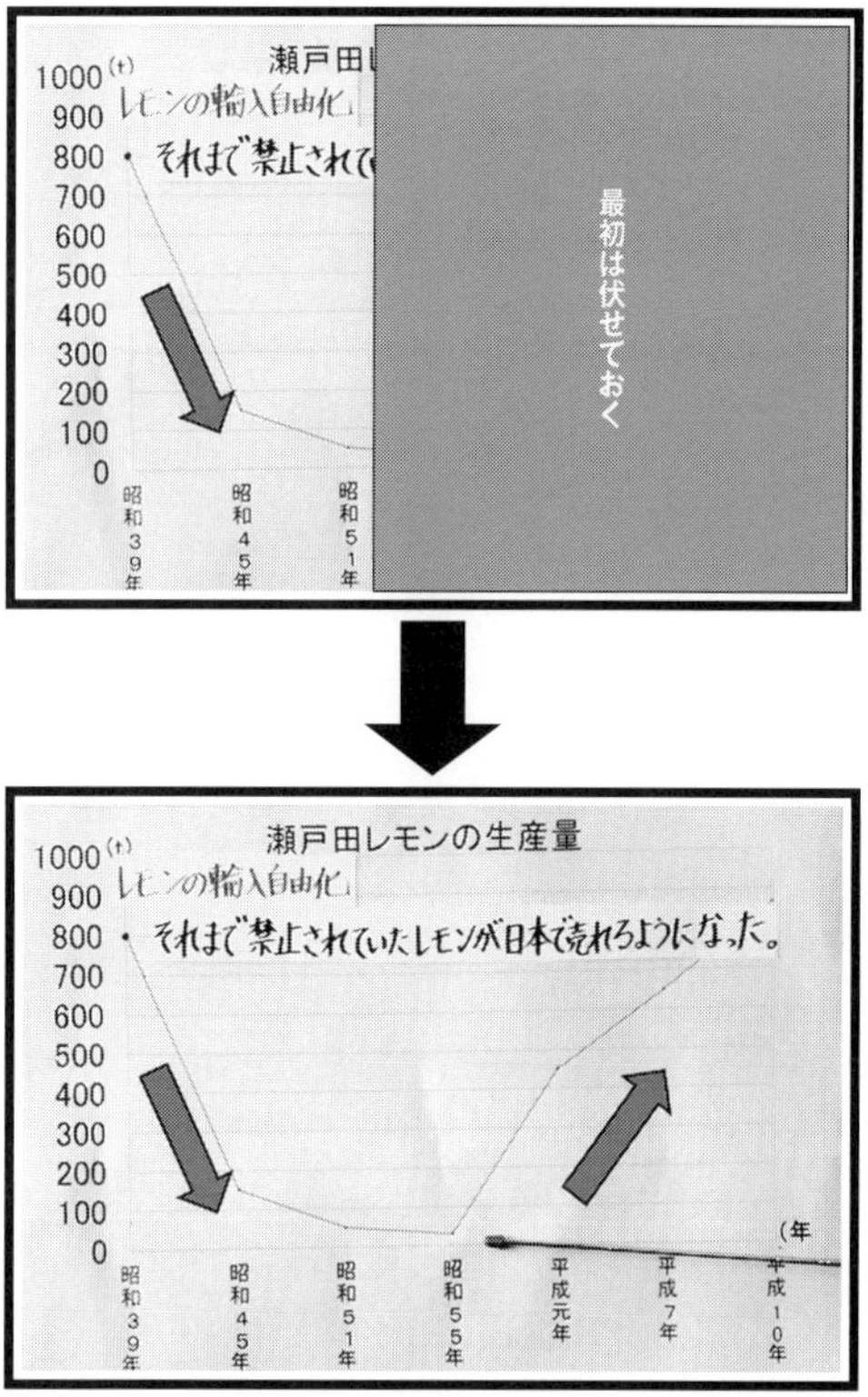

資料10

先に紹介した保津川の実践も、実はこの「トンネル型」の学習問題でした。

また、「AからBに変わった」だけでなく「変わらずに○○年も続いている」といった例も多くみられます。

ほかにも、「生産の減少していた農作物が、ある時期になって急速に生産量が増えはじめた。それはなぜか？」（福山市の事例）といった問い方もあります。**資料10**のようにグラフを見ながら考えさせます。

トンネル型の学習問題には、次のふたつの場合があると考えてよいでしょう。

①トンネルのなかで「事実」が変わる場合

②その事実を成立させるための「背景」が変わる場合

エ 「ヒント提示型」学習問題

まず最初に全体像を見せてしまって、その後ヒントを提示していくスタイルです。「東京都の地形の学習であれば、「西に向かうほど土地の高さが高くなっている」「東の土地が低く、西に行くほど土地が高くなっている」「丘陵地では田畑が多く、低地では商業地や工業地がある」などです。その後、各地域にズームインして、それぞれの特徴を調べていきます（資料11）。

自動車づくりの学習であれば、組み立て工場の上空から見た写真を提示し、なぜこんなに広いのか、なぜこのように複雑な形をしているのかを考えさせます。また、工場内では多くの人たちが散らばって仕事をしているという気づきから、「どこでどうやって自動車は組み立てられているんだろう？」という疑問を引き出し、それぞれの様子を写真で示します。

単元の学習問題は、「～はどのようにつくっているのだろう」などと、比較的大きくて抽象的な問題を提示することが多くなるため、子供に具体的な予想をもたせ、予想とセットにして学習問題をつくっていきます。

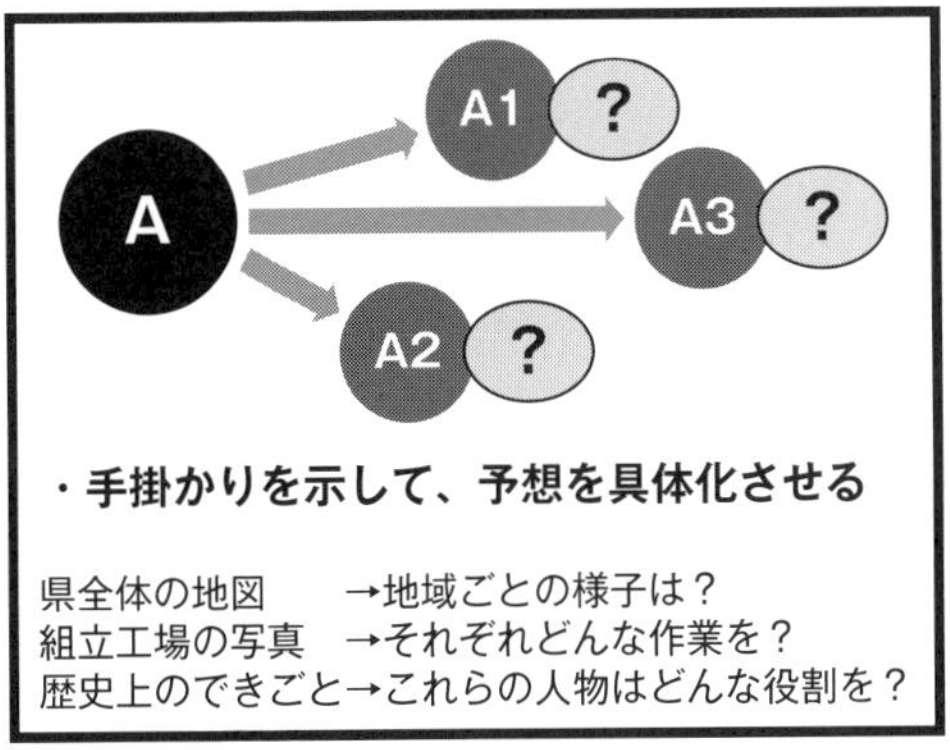

資料11　ヒント提示型

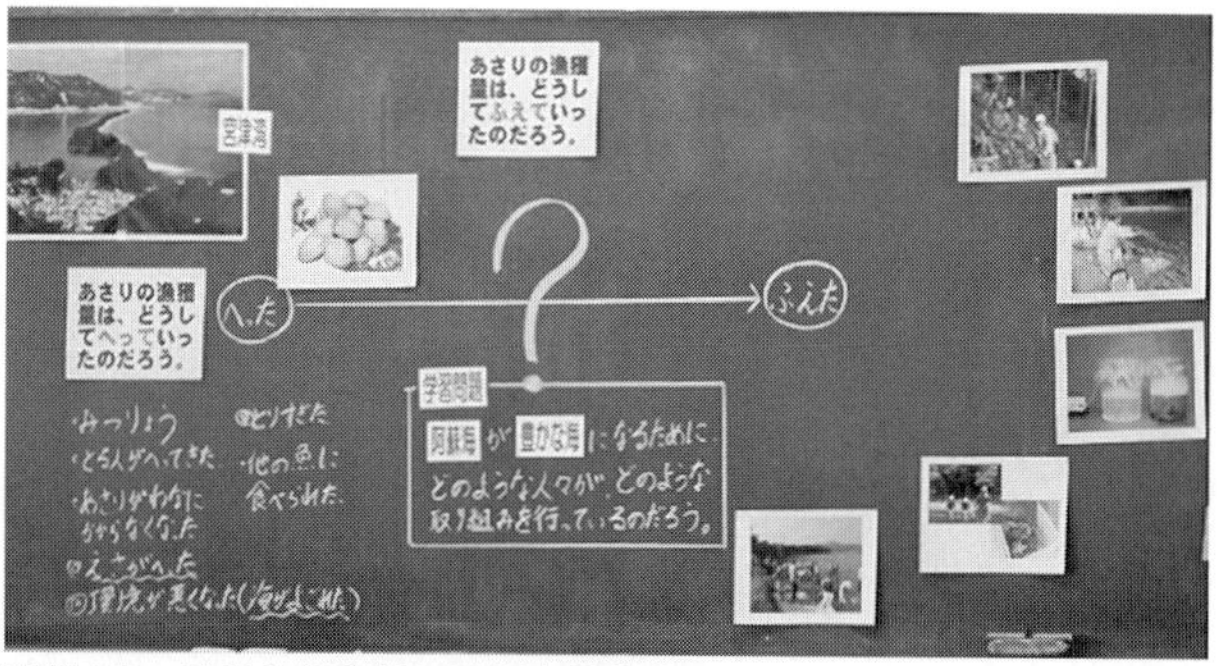

資料12　手掛かりを基に予想を具体化

ある授業（埼玉県の事例）では、あさりの生産量が回復した理由の予想を、「海がきれいになった」ことしか思いつかない子供たちに対し、ヒントになる写真を提示して、予想を広げるようにしていました（資料12）。

人間の働きへの着目を促したのです。子供たちは提示された5枚の写真から1枚を選び、自分なりの予想をノートにまとめます。このことを教師は、「子供が問いをもった」姿ととらえていました。「学習問題づくりは苦手」と思ってしまう先生方の多くは、「子供を誘導してはいけない」という思い込みがあるような気がします。

資料を通じて人が働いている様子を見せるのは、その働きに着目させるためです。ただ「気づいたことを言ってごらん」と水を向けるだけでは、教師が着目させたい点に子供の関心が向かわないことはよくあることです。

*

教師の働きかけが何ひとつなく、「どんな人が働いているだろう」と、子供自身が自主的に疑問をもつでしょうか？　「上空から工場を見れば全体を見渡せるよね」などと発想するでしょうか？　いずれも現実的ではありません。**教師の計画した「授業」が、子どもたちの「学習」になるためには、教師の側が工場の天井をくり抜き、ふたを開けて見せてあげることも一つの方法なのです。**

これまでに紹介してきた手法は、子供が学習を自分ごとにするための仕掛けです。このような仕掛けがあってはじめて、子供は教師の意図するところに着目するようになります。

一斉・画一的な悪しき教師主導であってはなりませんが、教師が適切に仕掛けることができれば、授業の方向性がブレません。それに、部分から全体像を見渡せるようになるので、子供たちは教師の意図に乗った発言をしてくれるようにもなります。ときには、子供の発言を聞き取ったうえで、「ただ、実はね……」と言って、子供たちの考えをひっくり返す方法もあります。

「子供を誘導してはいけない」そんな思い込みはきれいさっぱり捨てて、むしろ「効果的に誘導しよう」と発想を変えれば、学習問題づくりへの苦手意識は自然と払拭されていくでしょう。

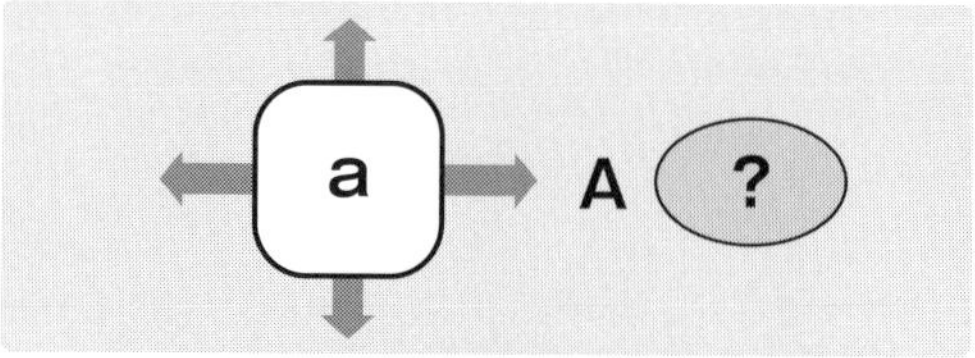

・焦点化した情報から広げた問いをもち、課題をつかむ

Aさんの様子　→どんな「目的」の活動か？
急激に生産を伸ばした作物
→どんな「技術」を生かしているか？
○○の一員の様子　→世界中でどんな「活躍」を？

資料13　ズームイン・ズームアップ型

オ　その他の型

「ズームイン・ズームアップ型」学習問題

「○○さんは毎朝欠かさずにゴミを拾っている」という情報を子供たちに提示したとします。この情報Aをズームアップすると、「Aさんがゴミを拾っている場所は天の橋立だ」「根元から倒れている大きな松がいっぱいある」という全体像（情報B）が見えてきます。こうしたさまざまな事実をつなぎ合わせて、「なぜAさんはゴミを拾い続けているのだろう」「そこにはどんな願いがあるのだろう」と展開していきます**（資料13）**。

あるいは、生産量を示すグラフを読み取り、○○という新種の野菜だけ生産量が伸びていることに気づかせる、この情報A（部分）は、実はみんなの住む地域（情報B）でつくられていることがわかっていく、というのもズームアップ型になります。

ほかにも、アフリカで農業の指導をしているAさん。実はAさんはＪＩＣＡの職員。アフリカ以外にも数多くの国と地域に職員が派遣されていることがわかっていきます。そこで「では、ＪＩＣＡという組織は、世界でどのような活躍をしているのだろう？」と問う学習問題もズームアップ型といえるでしょう。

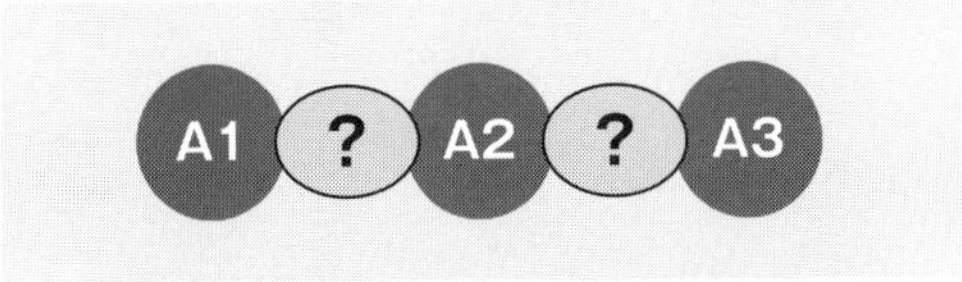

・既習の知識を活用して、課題をつかむ

A、B、Cの道具を古い順に並べてみよう
→生活の道具はどのように変わってきたのだろう
３つの雨温図はそれぞれどこの都道府県のものか？
→日本の気候は、地域によってどのように違うのだろう
あるいは、→A、B、Cに共通することはなんだろう

資料14　クイズパズル型

「クイズパズル型」学習問題

いくつかの情報をランダムに提示して、その位置づけや順序などを子供に考えさせる型です（**資料14**）。たとえば、「戦後の日本は、どのような順序で発展してきたのか、写真を並べ直して説明してみよう」などと投げかけます。

この型で大切なことは、「なぜそう考えたか」を子供に言わせること。そこに子供同士の違い、ズレが現れることによって、「じゃあ、調べてみよう」と学習を展開していくことができるようになります。

「対立・討論型」学習問題

「AかBか、あなたはどちらを選びますか？」などと相反する情報を提示し、自分の立場や意見を子供に決めさせるようにして学習問題をつくる型です（資料15）。

子供たちが何ら情報をもたない授業の最初の段階で意思決定させることはむずかしいので、一定の情報をつかんだ後、すなわち単元の後半に設定することが多い学習問題です。

このとき、子どもたち同士の考えに対立軸を設けることが目的ではない点に留意が必要です。社会的事象の意味や意義をしっかり理解したり、社会的事象への関心を高めたりすることが大切です。そのため、安易にディベートにもちこんで、反対のための反対を繰り返すような不毛な議論をさせることは避けなければなりません。

子どもたちに討論させるに当たっては、「なぜ実施されたのだろう。よさと課題について立場に分かれて考えてみよう」など、その目的をしっかり意識させる教師の働きかけが必要です。社会科における言語活動は、あくまでも手段であって

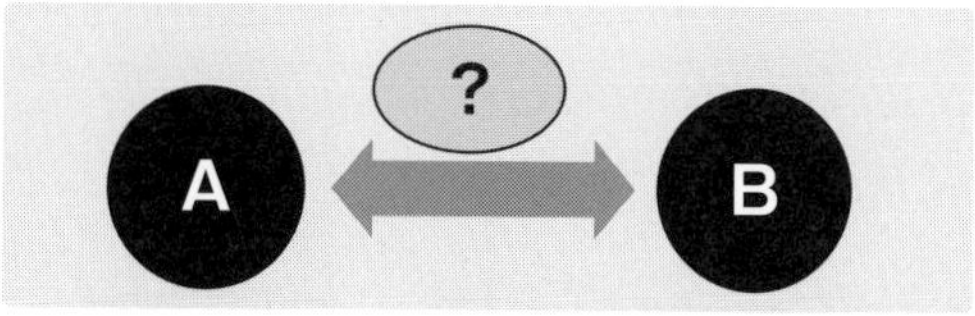

・対立軸をつくり、立場を決めて課題をつかむ

→ごみ問題を解決するためには、ごみ処理の有料化は仕方ない！賛成か、反対か？
→自然保護と災害対策工事、優先順位はどっちか？
→戦後の日本は本当に豊かになったのだろうか？

資料15　対立・討論型

目的ではないと言われるゆえんです。

このほかにも、見学活動などの体験を振り返って、気づいたことや疑問を出し合い、学習問題をつくる例、現代社会の課題を提示して、「〜はどうすれば解決するか」という問題を提示し、「こうすれば〜の点で解決する」という仮説を立てさせる例なども見られます。

＊

以上、いろいろと紹介しましたが、当然ながらこの限りではありません。また、どの「型」も個々別々のものでは決してなく、組み合わせることも可能です。

大切なことは、子供が「なぜ〜」「どうして〜」と疑問をもち、それを「どのように〜」と調べる事柄に結びつける「仕掛け」を教師がつくること、そして、子供の疑問を大切にしながら上手に誘導し学習問題を設定することです。

ぜひ挑戦してみてください。

7　問いの質を高めた学習問題―ふたつ目の学習問題

授業を構想する場合、1単元にひとつの学習問題の設定が一般的だと思います。でも私は、学習のまとめをより発展的に行っていくような場合には、ひとつの単元でふたつ目の小さな学習問題があってもよいのではないかと考えています。

たとえば、工業の学習で、「自動車をどのようにつくっているのだろう？」という学習問題をつくったとします。ところが内容のまとまりとしては、輸送、貿易などが入ってくるとなると、この学習問題の追究だけでは届かないことになってしまいます。

あるいは、農業の発展に関心をもつという目標を設定したとします。すると、関心をもつということに辿り着くには、「これからはどうしたら？」といった疑問が必要になります。

社会科の場合、態度に関する目標、たとえば「地域社会の一員としての自覚をもつようにする」「地域社会に対する誇りと愛情を育てるようにする」「我が国の産業の発展に関心をもつようにする」などに迫ろうとする場合に、単元の後半にふたつ目の小さな学習問題を設定している例が見られます。

目標や内容をよくとらえると、「どのように」だけではない、ほかのファクターによって補完することではじめて目標が実現する、内容が完結するといった場合があるのです。これは先述した問いの構造化と関係があることがらです。

子供が一定の理解をした段階で、その理解を揺さぶるような「では、なぜ〜」「〜

であるのになぜ～」といった質の高まった問いを設定する例もあります。ここに「なぜ型」が登場するわけです。

資料16は、なぜという問いの質の高まりをイメージしたものです。

もちろん、ふたつ目の学習問題を設定しなくても、子供を揺さぶる発問を駆使して、子供たちを目標実現へ導くことはできます。ですから、学習問題の数にこだわるつもりはありません。

大切なことは、ふたつ目の学習問題であろうと、発展的な発問であろうと、現実に即した形で、指導案上に問いを設定することを考えてみるとよいと思うのです。

○形態・分布など現状の背景を問う
　～なぜここに集まっているか
　～なぜこんなに多いのか
○事象間の結びつきを問う
　Aするとなぜ B になるのか
　なぜ A のために B が必要なのか
○事象や事象間の矛盾を問う
　～しているのになぜ～か
　A は～であるのに B はなぜ～か
○あるべき姿を主張する
　なぜ～できないのかなど

資料16

「教材化」のデザイン

1　「教材化が命」

授業は「教材が命」と言う人がいます。それはそれで正しいと思います。しかし、私は「教材化が命」と主張してきました。

いい教材であるのに残念な授業というものはたくさんあります。先生を料理人にたとえると、調理が下手なら、いい食材を使っても不味い料理しかできないということです。授業も同じ。教材の調理こそ大事です。だから、「教材化が命」なのです。「教材化」とは、その先生が教材をどう扱うかの工夫にほかなりません。

ある事例を紹介します。「宇治のお茶」を教材とした授業（京都市の事例）です。

教師は、まず授業の冒頭で「宇治のお茶は、なぜ有名だと思う？」と投げかけます。すると、子供たちからは「生産量が多いから」という発言。

「えっ、そうなの？」と言いながら、生産高のわかる資料を黒板に貼り出します。すると、そこには子供たちの予想とは全く逆の結果が示されています**（資料17）**。「宇治のお茶」という言葉は確かに有名ですが、生産量はそれほど多くはありません。そもそも、京都におけるお茶の生産量自体が少ないのです。しかも、京都のなかだけを見ても、宇治茶は少ないほうだったりします。「それなのに、いったいなぜ宇治のお茶が有名なのだろう？」こんな謎解きを通して学ぶ実践でした。

調べ学習の段階では、「事実集め型」で進めています（調べ学習の「型」については、いずれまた別の機会に）。子供たちは、見学などを通して調べ、作業工程などをまとめます。

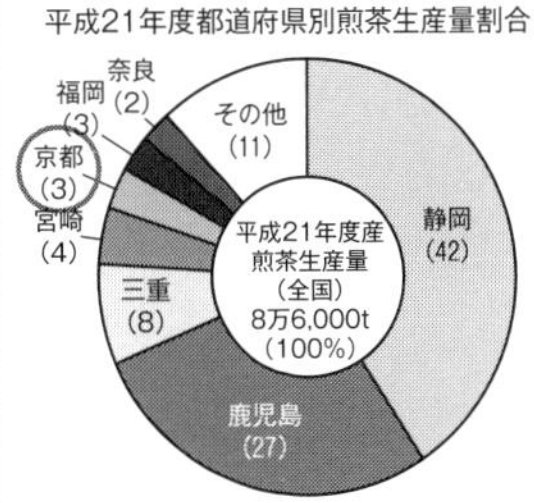

平成22年度茶葉生産実績《ちゃようせいさんじっせき》

市町村名	茶葉生産量 (単位《たんい》:t《とん》)
和束町	1134
南山城村	741
宇治田原町	261
木津川市	231
宇治市	64
京田辺市	50

京都府山城広域振興局調べ

資料17

子供たちがつかんだ結論はこうです。

「やはり伝統の技だ」

「宣伝がうまい」

「お茶は香りが命と、お茶屋さんが言っていた」

ここまでは既定路線。そして、ここからがこの実践の真骨頂。

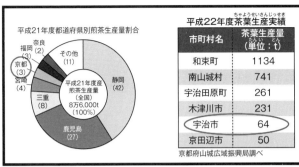

「なるほど。つくり方にこだわりがある、しかも、歴史と伝統を大事にしているから、こんなに有名なんですね」と先生が言うと、子供たちも納得顔。「でも、Aくんの調べた資料には、ペットボトルの宇治のお茶が発売されたってあるよね。これってどういうことだろう。こだわりや歴史・伝統を大事にしているはずなのに…」

ここに、単なる教材提示ではない、教材化のポイントがあります。

伝統とは、受け継がれていくもの、守り伝えていくもの。「にもかかわらず、ペットボトルで売っていいの?」という投げかけによって、それまでに理解していた伝統・文化とは違う側面に子供たちの目を向けさせていました。すなわち、伝統・文化とは、ただ受け継いでいくものではないということです（資料18）。

このお茶屋さんの本当の工夫・努力は、「いまの時代」に合うものに改良し広めていくことにありました。実は、宇治のお茶だけでなく、伝統産業のほとんどがそのような取組をしています。

仮に、このようなアプローチ（教材化の工夫）がないと、「宇治のお茶づくりはすごい。伝統の技を生かした努力をしている」というまとめで単元が終わってしまいます。そこで、この先生は、もう一歩踏み込むために、ペットボトルをもちだして、伝統の技を生かす工夫の意味理解に近づこうと試みていたのです。

教材化を行うためには、教師がその教材を通して、社会的事象をどのように子供に見せるかを明らかにすることがポイントになります。これが「教材化の視点をもつ」ということです。

資料18　お茶の年表

2　「情報の焦点化」を

算数を研究しているある若い女性の先生がこんなことを言っていました。「社会科と理科は何を教えていいのかわからない」

教科書がある、指導書がある、先輩方がつくってきた指導案だってある、にもかかわらず「何を教えていいか…」となってしまうのは、「教科書を使って」といった場合の「使い方」、すなわち「教材化」がよくわからないのではないかと思います。

教材を教材化していくためには、「情報の焦点化」が必要です。

漫然とした情報のなかから、どの情報を取り出してどのように見せるのか。情報は、焦点化しないと物事の意味や特色が見えてこないのです。

ここでは「高齢者の福祉サービス」を教材とした授業を考えてみます。「学習指導要領」では、「政治は国民生活の安定と向上を図る大切な働きをしていることを考えるようにする」となっています。では、このサービスのなかのどれを見せれば（情報の焦点化をすれば）よいかということなのです。

たとえば、「お金を支給しています」ということが見せられたとします。しかし、これだけでは、目標とする「国民生活の安定のための働き」は、実感として伝わってきません。このとき、「夜中でも緊急に対応してくれる保健窓口がある、ボタンを押すと飛んできてくれる」という事実に焦点化して調べ考えさせたら？　そこにかかわる人々の仕事ぶりから、子供たちは「高齢者の安心」という解釈を引き出せるのではないでしょうか。これが、「国民生活の安定」をとらえる視点となります。

つまり、ある事実に着目して、その事実を通して教師が何を見せるか、これが情報の焦点化であり、そのことにより子供たちは自分たちの解釈を引き出すことができるのです。これができないと、ただただ事実を一所懸命に教え込んでしまう授業になってしまいます。

3　「工夫や努力」は、はじめから見えない

子供たちに「見学して工夫を見つけてきてごらん」と投げかける授業があります。子供たちは意欲的に見学し、教室へ戻り、見つけてきた工夫を発表しはじめます。「肥料をまいたり水をあげたりしていました。工夫①です」「畑がすごく広かったです。工夫②です」などと、見てきたものすべてもち帰ってきて、どの事実に対しても「工夫」という看板を背負わせてしまいます。すると、黒板には、２０や３０もの工夫が無造作に書き並ばれることになります。

ところが、実際に畑で仕事をしているおじさんに直接話を聞いてみると、「それ

は工夫じゃなくて、普通の仕事だよ」と言います。「それに、畑の広さは工夫のしようがない」とも。

　工夫とは、調べた事実の意味を考えることによりわかることがらです。すなわち、意味を考えることなしに工夫はあり得ないということです。

　先日参観した「白ねぎ」の畑を取り上げた授業（鳥取県の事例）では、子供たちが調べてきた事実を並べた後で、教師があらためて「土寄せ」という作業に焦点化して考えさせるようにしていました**（資料19）**。

　台形のように盛られている土の周囲をよく見ると、雑草は刈り取られている。しかし、台形の側面には草がぼうぼう生えている。「これはなぜか？」と問うわけです。

　草はあえて生やしたものです。台形が崩れないようにするためです。白ねぎには、

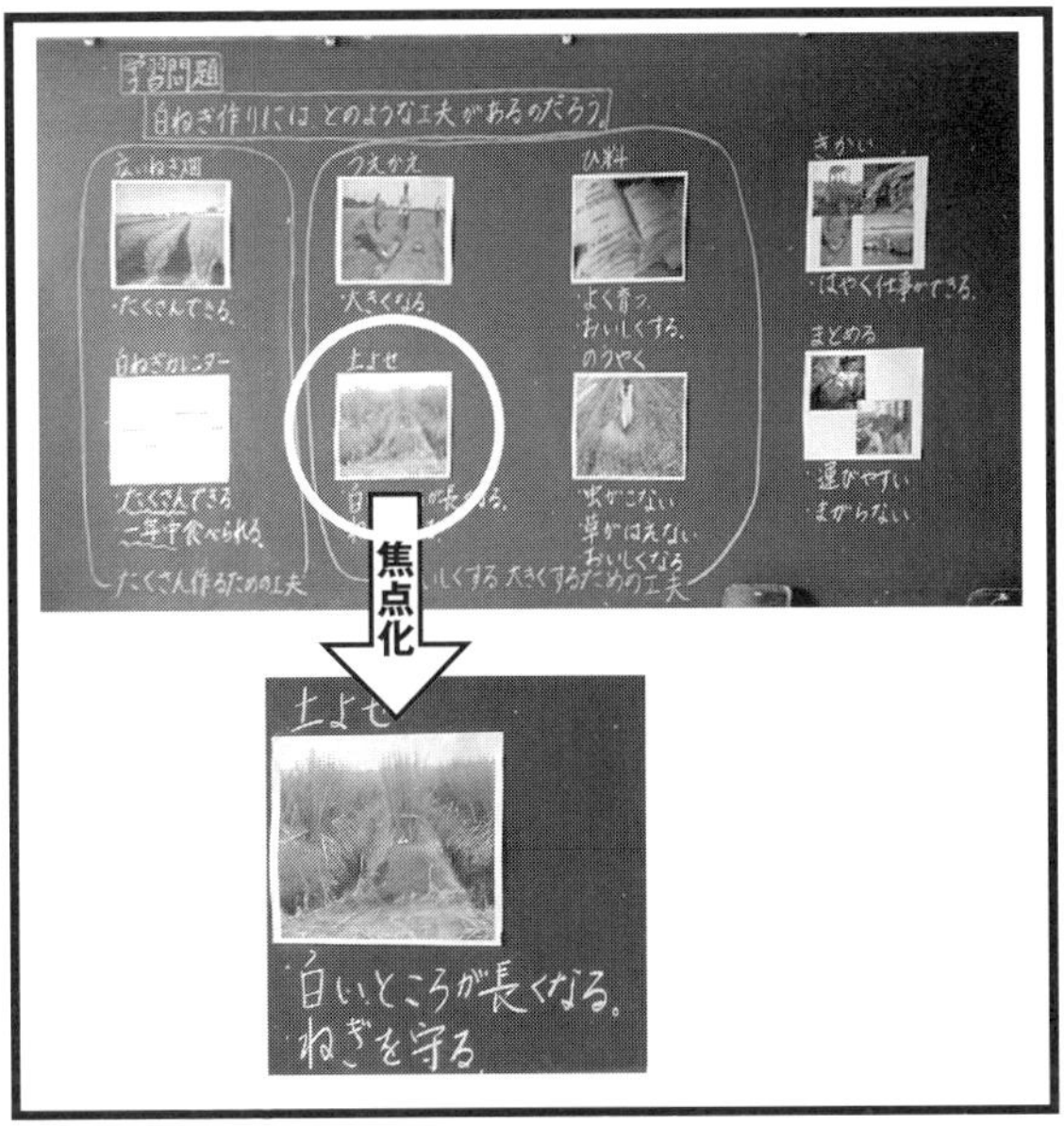

資料19

大きな土寄せとそこからたくさんの栄養を吸収する環境が必要だからです。

教師は、教材化の視点として、付加価値の高い作物（商品）をつくるための丁寧な作業を「工夫」ととらえていました。だからネギが傷まないように細心の注意を払った束ね方や運び方、そして土寄せという情報に焦点化していました。だからこそ、商品化の意図を子供に見せることができたのです。

ほかにも、「工夫」のとらえ方については、次のような授業もありました。

スーパーマーケットに並べられた３０種類ものシャンプー。「３０種類も並べているのは、お客さんが安いものや自分に合うものを選べるようにするため」と、「よりよく選べるようにする」ことが「消費者の願い」につながっていることを「工夫」ととらえている実践でした**（資料２０）**。この実践では、販売の仕方と消費者のニーズを関連づけることで、工夫の意味がわかってきます。

資料20

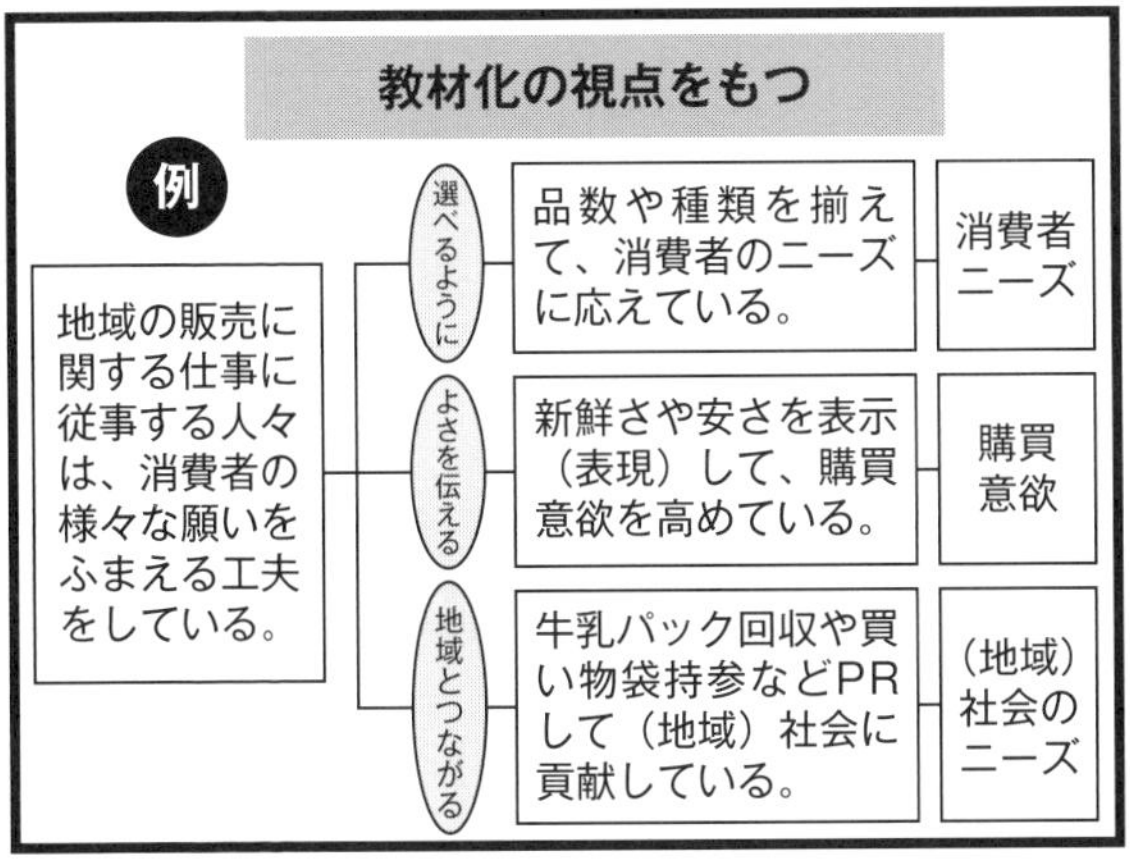

資料21

消費者がよりよく選べるように品数を増やし並べ方を工夫している。この工夫の具体を明らかにするためには、教師自身が「？」をもつことが大切です。「レジ横の商品は？」これは、購買意欲を刺激している。ニーズをつくり出しているとも言えるな。「あれ？ 牛乳パックの回収は？」購買意欲じゃないな。「地域とのつながりを？」「社会貢献？」などといった案配です。

教材化の視点をもつとは、たとえば**資料21**のように、スーパーマーケットの販売の様子から、その意味をどのように子供に見せるかを決めることなのです。

4 教材研究とは

若い先生方が急増している都道府県や地域で、「教材研究って何をすることですか？」と質問されることがあります。

そんなとき、私は次のように答えています（「どこかに明確な規定があるわけではないけど、多くみられる例として」と前置きつきで)。

1　学習内容を明確にすること

①学習指導要領を読むこと

②教科書を読むこと

2　教材化の視点をもつこと

①自分で社会的事象の意味を考えること

②事実(情報)を集めること

3　資料化すること(*見せ方や提示手順も考えること)

まず、学習指導要領に示されている目標や内容を読みます。解説書も読んでみます。「何を調べて」「何を考える」ようにすればよいかを把握するためです。

そうはいっても、学習指導要領は大綱的で、表現も抽象的。そこからコンテクストを掴めるようになるためには、ある程度の知識と経験が必要です。

そこで、今度は教科書(正しくは教科用図書)を読んでみます。学習指導要領の趣旨を具体化する意図で表現された教材が教科書だからです。

次に、教科書の記述を手掛かりに、もう一度、学習指導要領を紐解きます。「何を調べて」「何を考えるようにするか」の具体例を探すためです。

本当は、この段階で授業ができるのが理想的です。しかし、なかなかそうはいかないでしょう。

たとえば、3年生と4年生では、自分たちの住む地域（市や県など）を学習対象とします。たいていの場合、自分たちの地域と教科書の事例地が異なっているので、そのまま使える資料にはなりません。5年生や6年生の学習でも、教科書だけでは資料が足りないことがよくあります。このようなときには、教科書の構成を参考にしてみます。

子供たちみんなで学習問題や毎時間の学習課題をつかむためにはどんな資料がよいか、子供が調べるための資料にはどのようなものがあるか、子供の予想を確かめるにはどんな資料が必要かなど、教科書に掲載されている資料を目的的に見てみるだけでも教材研究になります。また、どんな学習問題が設定されているか、子供のどんな言葉が学習のまとめとして想定しているかなども参考になります。

そして、このように研究を進めていくと、いずれ教師自身が自分の頭と足を使って地域や実社会から事実（情報）を集める必要に行き当たるようになります。

ここで、教材化の視点があらためて必要になります。**「子供に社会的事象をどのように見せるか」その意図が明確であれば、どんな情報を集めたらよいかがおのずと決まります。**それがないと何を集めたらよいかが定まりません。

また、集める方法も、自分で現地に赴くのか、インターネットを使うのか、電話等で取材するのかさまざまです。とかく一年中忙しい先生方ですから、「現地に赴いて」ということは、なかなかむずかしいかもしれません。

ここがどうも分かれ道のようです。社会科にのめり込む先生は、自分で情報を集めるのが大好き。こうした作業そのものを楽しみます。しかし、楽しいと思えなければ、途端にただただ面倒でたいへんなことになってしまいます。

とはいえ、3年生や4年生の学習においても、遠くまで行かなくたって身近な地域で取材できることはたくさんあります。何より、教師が自分で集めた情報を資料化して、提示したときの子供たちの表情ときたら！　どの先生にもぜひその感動を体験してほしいと思います。

5　教材開発する先生を賞賛する子供たち

法令上は、教科書（教科用図書）が「主たる教材」とされています。ですから、主たる教材である教科書を離れ、自分で情報を収集して教材化することを教材開発といいます。

ここで、ひとつの授業を紹介しましょう。一度は24時間営業を断念したスーパーマーケットが、あるとき24時間営業を再開したことを教材化した授業です（山形県の事例）。

この授業は、まず教師の撮影した映像を子どもたちが観るところからはじまります。映像の冒頭は、神妙な顔をした先生の顔、続いて時計。時刻は深夜の2時。しいんと静まりかえった通りを横切って、ビデオカメラを手にした先生が、するりとスーパーマーケットへ入っていきます。

「おぉぉぉぉおおおお！」子どもたちから歓声があがります。「ま〜た〜ですか！先生！」

授業でこんな映像を観せられたら、子どもたちも反応しないわけにはいきません。どうも、この先生はいつもこんな調子で授業をやっているようです。そして、この「またか！」の声は、子供たちからの賞賛の声のように聞こえます。

映像は、店内の入口付近から順に、売り場全体の様子を映し出していきます。

こうした授業では、提示される資料の臨場感や面白さが子供を惹きつけます。そして何より、**自分たちの先生が苦心してつくった資料だとわかると、子供たちは誇りすら感じる**のです。だから食い入るように見つめ、先生の苦心に応えるかのようにたくさん発言します。

この先生の教材化の視点のひとつは、「地域に根ざした販売の仕事」。24時間営業を再開したのは、地域住民から寄せられたたくさんのメールや手紙が背景にあります。

この学校の周囲は、コンビニの少ない地域。職種によっては、このスーパーマーケットが自分の生活を支える頼みの綱だった住民がいたのです。こうした人たちの声に応えるため、採算がとれないにもかかわらず、店長は24時間営業再開を決断したわけです。このような地域事情と人情溢れる店長の決断は、きっとその教師の心を揺り動かしたのでしょう。これは、そういう教材だったのです。

教師の心を動かした教材は、やはり迫力が違います。教師が「なぜ」と思えば、子供たちも「なぜ」と思うのです。

このような子供たちの反応を知ると、教師は自然と日常的に社会的事象をよく見たり、疑問に思ったりするようになります。そして、いつか教材開発を楽しいと感じる自分自身に気づくことでしょう。

6　3つの資料化のバランス

教材研究の仕上げは、資料化です。

教師が集めた情報をどのように子供に「見える化」するか、そのために写真にするか、グラフにするか、はたまた地図上に位置づけるかなど、さまざまな工夫が考えられます。

社会科の授業では、実社会の人々に登場してもらうことが多い教科です。子供の本気スイッチが入る、学習問題が自分ごとになるなど、さまざまな教育的効果があるからです。

だからこそ留意すべき点もあります。たとえば「人々の働きや営み」の教材化にあたっては、次の3つの資料化をバランスよく行うことが必要になります。

①人々の思いや考え

人々の思いや考えは、ゲストティーチャー（GT）を招いたり、映像資料を用意したり、吹き出しにしたりして資料化します。ビデオなどに記録しておくと、ほかの先生も使えるというメリットがあります。

学習問題に対する結論は、常に現実社会のなかに存在するため、資料化することで大人社会の現実を子供に届けることができます。社会科がこれまでも大切にしてきた共感的な理解を促す面もあります。

　このとき、人々の思いや考えを、テストの答え合わせのようにもち出してしまうと、ひどく一面的・情緒的な理解にとどまってしまいます。

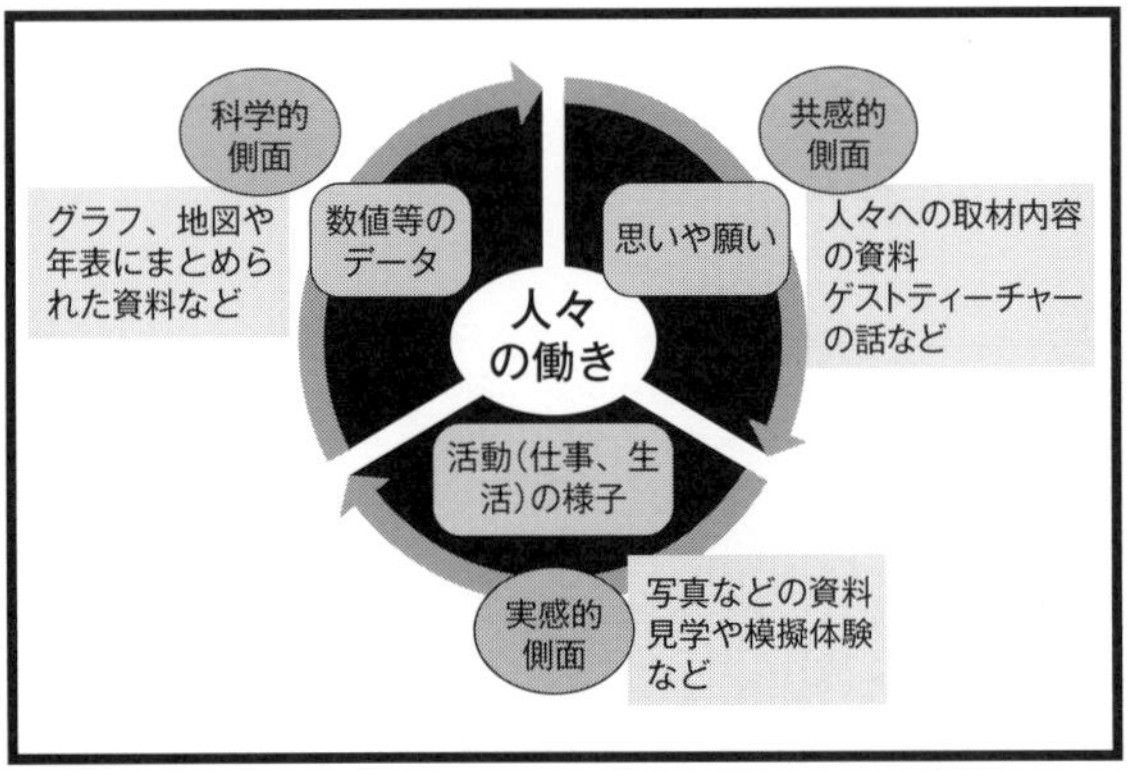

資料22

「がんばっているからおいしいに違いない」

「やっぱり予想どおりで、工夫が答えだった」

　こんな子供たちの発言に紛れて、次のような声が漏れ聞こえてきそうです。

「それなら、はじめっから本人に聞けばよかったのに…」

　もしもGT本人を教室に招くことができるのなら、「子供の質問→GTの回答→ありがとうございました」で終わる、「GTからの一方的な説明に終始する」ではもったいありません。ぜひ子供とGTとが直接対話できるようにしてほしいと思います。

　聞いて、答えて、また聞く、そんなやりとりのなかから、GT本人でないと言えない言葉、本物の言葉が出てくる、それこそが子供の大切な資料になります。

答えを考えて見つけ出すのは子供です。GTの言葉から考える、インタビューをヒントにして答えを見いだす、授業をそんな構造にしたいのです。

②人々の活動（仕事・生活）の様子

子供が自ら考えて結論を見いだすためには、観察・調査、体験などを通した人々の実際の活動の様子を資料化することが必要です。いきなりGTから答えを聞くのでは、「子供自ら」の部分が欠けてしまいます。

子供が諸感覚を通して自ら情報を獲得し、推論し、学習問題についての結論に迫るようにする資料化です。実感的な理解を促す面もあります。

働く姿の写真をみて、「こうではないか」「ああではないか」「なんためか」などと考え話し合っていくわけです。

そもそも社会的事象なるものは、多様かつ膨大なものです。それらをまんべんなく取り上げるなんてことは誰にもできません。もしも、膨大な社会的事象すべてを学ばなければ社会がわからないというのなら、社会科授業はそもそも成り立ちません。

言うなれば、**社会科は、限られた情報から、子どもたちが社会の仕組みや働きを推論できる力を育てている**のです。1枚の写真から、ひとつのグラフから社会を透かして見る力です。そんな力を子どもたちに与えられるのが、理想的な授業なのだろうと私は思います。

③統計等のデータ資料

「工夫・努力している」

「がんばっているから、これからも向上していくに違いない」

「よく売れる商品に違いない」

このようなとらえ自体は大切なのですが、これだけでは科学的とは言えません。社会科は、時間的な見方や空間的な見方を養うことを重視しています。これは、社会科でなければ養えない見方です。そして、社会的事象相互の関係を「役割」「影響」「変化」などとして見ていく見方を養うのです。

その際、その役割や影響、変化などが、現実のデータに裏づけられると説得力が違います。小学校の社会科が「道徳的・情緒的に偏る」などと批判されるのは、この点の資料化が不十分なときなのだろうと思います。そのため、グラフなどの読み取りが大切になってきます。

資料23は、阪神淡路大震災の発生時、生き埋めになった方の4分の3以上は近隣住民等によって救助されたという事実を表すグラフです（札幌市の事例）。この1枚

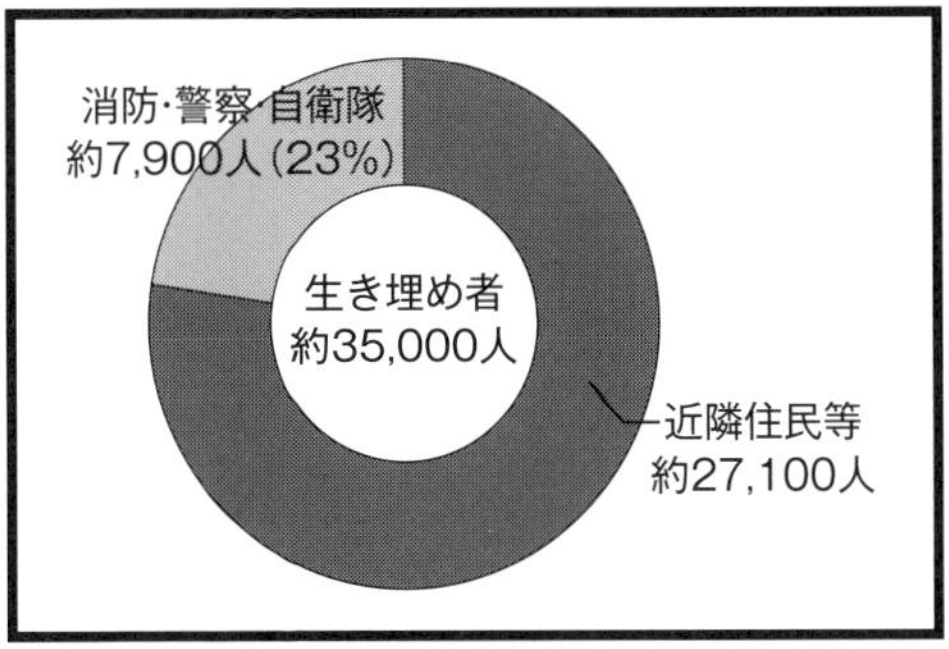

資料23

のグラフは、声高に「共助が大切だ」と百万回、口にするよりもずっと説得力があります。

数値等のデータを資料化して提示することで、子どもたちは人々の働きや営みを客観的にとらえることができるようになります。「観光客が増えてきた」「生産量が減ったのにまた増えた」「広い地域に広がっている」そんな実証的な追究を支えるためのデータです。また、グラフだけでなく、地図や年表上に事実を整理してまとめるような資料化も効果的です。

とはいえ、データの収集には限界があります。うまいこと見つかっても小学生には読み取りが困難であったり解釈のむずかしいデータであったりもします。ここでは「可能な限り」としておきます。

＊

以上、ここまで述べた①～③は別個のものではなく、それぞれ折り重なっているので、資料化するための切り口だと考えればよいでしょう。

また、資料化は、教師が事前に行うものだけではありません。

調べたことを関係図にまとめる学習活動など、子供たち自身の手で行う資料化もあります。この資料化は、それ自体が目的ではなく、資料にまとめることで子供が何を考え理解するのかを教師が意図することが目的となります。

本書の冒頭で「若い先生でも、ポンとよい授業ができてしまう」と述べた理由は、こうした教材化にあります。若い先生ほど、新たな発想で教材化できるからです。ＩＣＴを使った資料提示などでは、ベテランの先生のほうが驚かされることも多いのです。

みなさんが新しい発想を生かしながら、教材化に挑戦することを大いに期待しています。

「協働的な学び」のデザイン

1　社会科では協働的な問題解決を目指す

「社会科の学習問題って、大きくて抽象的なものが多いですね」などと他教科を研究する先生方から言われることがあります。

それに対して、私は「目標に辿り着くための道しるべだからですよ」と答えています。「みんなで力を合わせて解決するので、大きいのです」

いろいろと集めた情報を収斂して、結論を見いだす。いろいろな解釈や説明を飲み込んでも余りある、そんな学習問題なのです。すなわち**社会科は、協働的に問題解決する学習をイメージしやすい教科だ**と言えます。

協働的というと、何となく子供同士が話し合っている様子を思い浮かべがちです。しかし、それだけが協働なのではありません。気づいたことの発言も、調べる活動も、みな協働的なのです。

そこで、次に社会科における「協働的な学び」の姿を紹介していきます。

2　気づきをつなぎ合う

協働的な学びというと、自分の考えを理路整然と発言し合うような、いわば完成された姿をイメージしがちです。しかし、それは現実的でしょうか。

みんなを目の前にして、「私はこう考えます。その根拠は…」などと理路整然と発言できる子供ばかりではありません。大人である私たちだって、なかなかむずかしいのですから。

多くの子供は、気づき、考え、思いついたことを、そのまんま発言します。前後の相関性や順序性などお構いなし。大人が考えるような整理がなされるはずもありません。それは、どんな形にもなる粘土のようなもの。ぐにゃぐにゃのまま、子供の発言同士くっつき合おうとします。

子供たちは、「〜だけど」「それは」「つまり」という言葉を使いながら、前の子供の発言につながろうとします。だからまず、子どもたちが生み出す流れに逆らわずに、みんなの気づきをつなぎ合わせていくことが大切です。事実は何であるか、それはどんな様子なのかを接着剤（拠り所）にして、つなぎ合わせることができれば、社会的事象の輪郭がすっと浮かび上がってくるのです。

資料24は、「投票率の低下」を伝える新聞記事を資料化したもので、選挙の大切さを考えさせる授業（福山市の事例）で示されました。

教師が配ると、子供はすぐに発言しはじめました。

一番目の子供は「半分が投票に行っていることがわかります」と発言します。

教師は「低下」のほうを伝えたかったのしょうが、子供は、はじめから教師の意図どおりには発言しません。でも、それでよいのです。

すかさず次の子が発言します。「半分行っているけど、過去3番目に低いです」

この子は書かれている記事から、その情報を見つけ出しました。すると、3番目の子が「それは、投票率が低いということです」と言いました。4番目の子は「全体的に下がっているということです」とつけ加えます。そして、最後に5番目の子が「低いということ、下がっていることが問題だと、新聞は伝えているのだと思います」とまとめたのです。

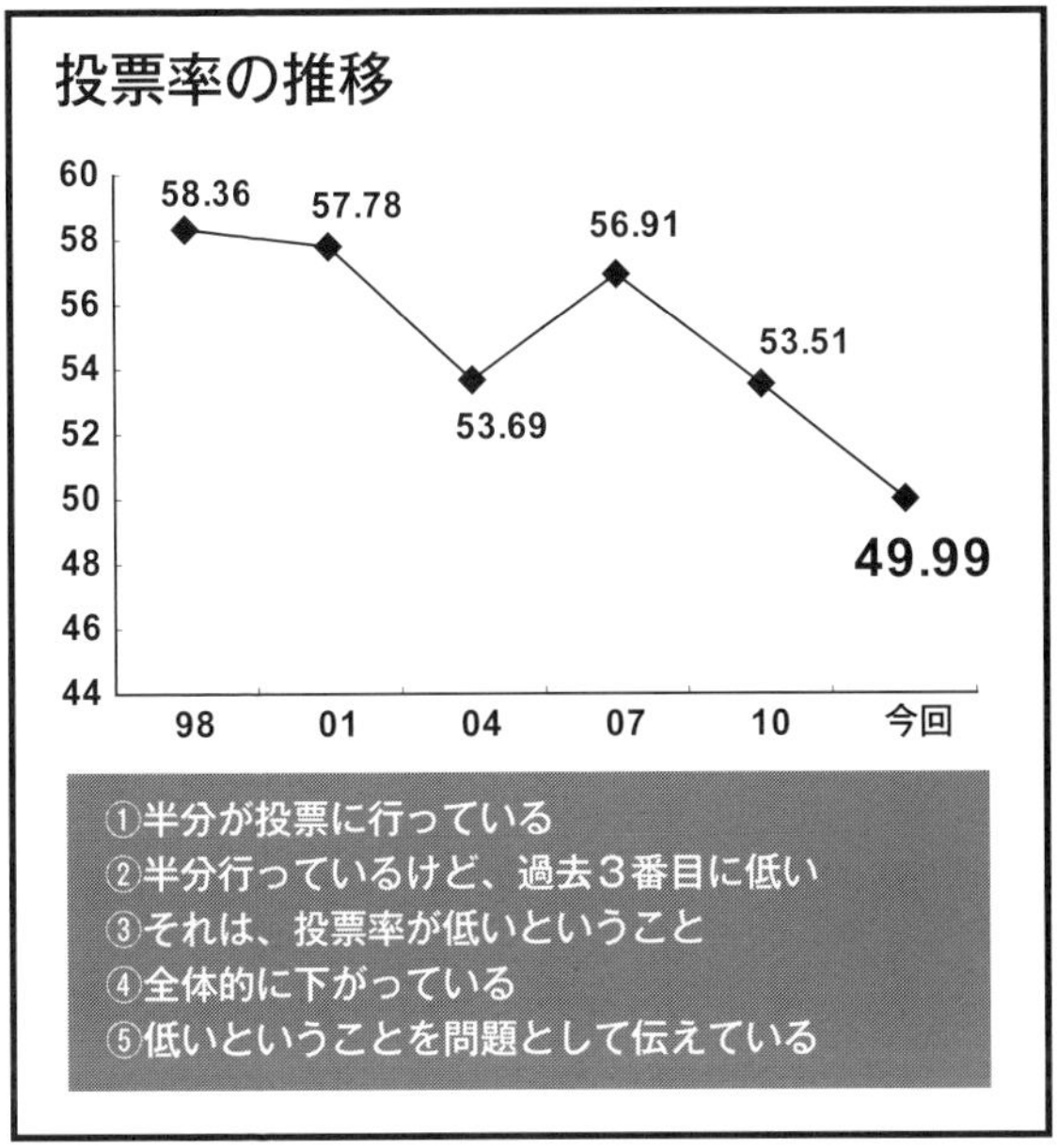

資料24

　見事ゴールにタッチダウン。全容を解明した5人の子は、あらかじめ申し合わせでもしたかのように、次から次へと発言をパスしていきました。

　この学級は、どんな資料が配られても、自分たちで協力して読み解いていくトレーニングを積んだ学級ではありました。しかし、トレーニングだけでは説明がつきません。子どもたちは、そもそもこのようなやり取りを行う力をもっているのです。

教師は、問いに対する答えを、完成された言葉で求めがちです。しかし、子供はそうはいきません。だからこそ、子供たちはタッグを組み、あるいはチームとなって答えようとします。

こうした**協働的な学びは、子供たちの日頃のトレーニングの成果と、教師の待つ姿勢とが結びついたときに生まれる**のだと私は思います。

3 予想を磨き合う

日本の子供たちに身についていないと言われる力があります。それは、既にもっているものや新たに学んだことを使う力です。

各種の学力に関する国際比較調査の結果などからもうかがい知ることができます。「一定の知識や技能は身についている」「情報を取り出すことはできる」などと評価される一方で、「情報を関連づけて考える」「考えたことを表現する」ことに課題があるなどと言われます。

このような指摘は、日本の子どもたちが世界に比して劣っていることを意味していると考えるべきでしょうか？　私にはどうしてもそうは思えません。

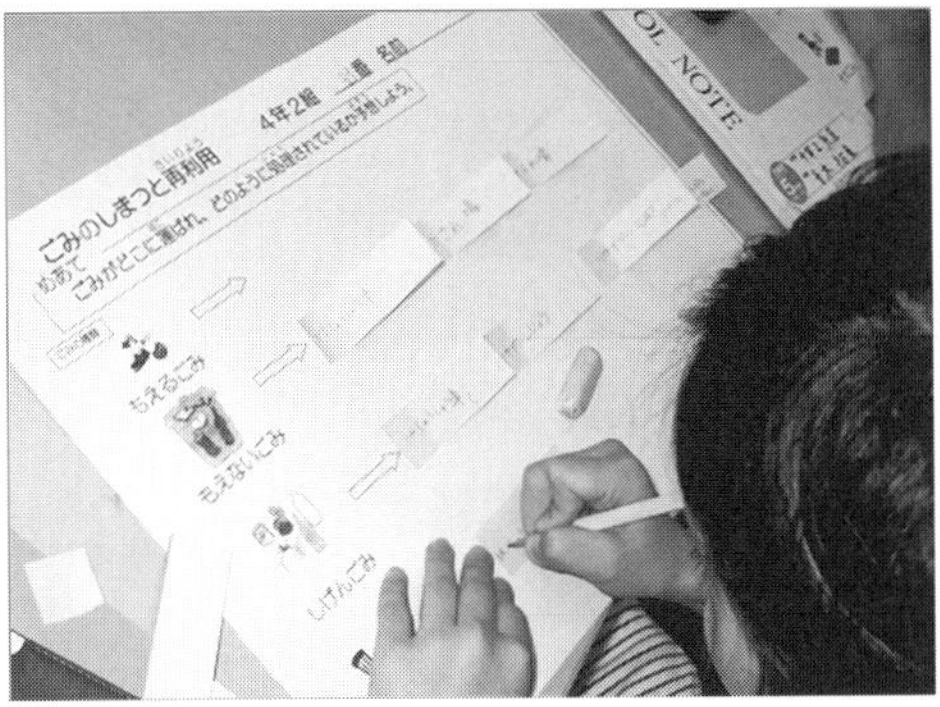

資料25

これまでの授業場面を思い返したとき、私たち教師は、子供のもっている力を使わせてきたでしょうか？　学んだことを活用するような実践をつくってきたでしょうか？　このように自問自答したとき、国際比較調査の結果は、子供の側ではなく教師の側の課題であるように思えるのです。

子供のもっている力を使わせる場面の代表例が「予想する」場面です。

授業で資料を提示したとき、学習問題や課題を提示したとき、発問したとき、子供に十分に予想する時間を用意していたか、それともすぐに答えを求めてしまっていたか、胸に手を当てて考えてみる必要があります。

子供たちは予想する力をもっています。予想する時間を取ってみれば、それがはっきりとわかります。

資料25は、子供たちが「ごみの種類別の行方」を予想している様子です。この実践では、まず子供が知っていることや聞いたこと、見たことなどをもとにして自分なりの予想をしています（東京都の事例）。

次の段階では、グループで相談しながら、グループとしての予想に磨き上げます。そして最終的に学級全体で発表し合い、予想のズレが生じたところ、はっきりしないところを明確にしていきます。こうして、いつも先生から教えてもらうのではなく、「自分たちでも解決のスタートは切れるのだ」という自信を蓄えていくのです。

このほかにも、資料（新たな情報）を予想の手掛かりとして、子供たちの発言を引き出す授業がたくさんあります。このような実践を数多く参観していると、子供たちが自分たちの力で問題解決の歩みをはじめていることに気づかされます。

4　学習計画は子供と共につくりあげる

学習計画とは、「学習問題に即して調べ、予想を確かめる計画」だと言い換えることができます。この計画がないと、子供たちは学習の連続性を自覚できず、授業のそのつど教師の発問や指示どおりに（自分なりに考えてみることなしに）活動するだけの授業になってしまいます。こうした指示待ちの授業から抜け出して、子どもの主体的な学習とするために必要なのです。それも、教師と子供たちが相談しながら共につくりあげる学習計画です。

すると現場から次のような声があがります。

パターンA　予想を確かめる**資料**を選ぶ

子どもが予想をもったら、教師が資料をいくつか提示して、そのなかからどれを調べたらよいかを選ばせるようにする。

パターンB　調べる**観点**を決める

予想を基にして「何を」調べたらよいかを決めて「自分が調べる観点」とする。

パターンC　調べる**方法**を決める

予想を基にして「どのように」調べたらよいかを決めて、「自分が調べる方法」とする。

パターンD　調べる**順番**を決める

観点を出し合って、学級のみんなでどのような順番で調べていくか「調べる順番」を決める。

パターンE　学習の**まとめ方**を決める

調べたことをどのように作品などにまとめるかを話し合って、そのための情報収集を学級のみんなで分担する。

資料26

「時間数が限られた授業のなかで、学習計画を立てる時間を確保できるのか」

「どうやって学習計画を支える支援を行えばよいのか」

「そもそも、子供と相談して決めるなんてできるのか」

このような声に、私は次のように答えています。

「あまり杓子定規に、あれもこれもと考えたり、可否について云々するより、子供の力を信じて、できることから挑戦してみましょう」と。

そこで、私は**資料26**にあげたパターンを柔軟に組み合わせて取り組むことを提案しています。

第4学年「飲料水の確保のための対策や事業」に関する学習を例に考えてみます。私たちが1日に使う水の量や場面、校内の蛇口の数などを調べて、「こんなにたくさんの飲み水が、なぜいつでも送られてくるのか」という疑問から、「水はどのように私たちのもとに送られてくるのだろう」という学習問題を設定したとします。

パターンAは、子どもたちが予想をもった後で、教師がダムや浄水場に関する資料、水道管の仕組図などを提示して、そのなかから自分の予想を確かめるのに必要なものを選ばせるようにするものです。なぜその資料を選んだのかをノートなどに書かせることが大切です。

パターンBは、子どもたちが予想を話し合う活動を通して、「水を送ってくる道筋」「働く人の仕事」「施設や設備」「水の循環」など、学級全体で調べる観点を決め、そのなかから自分は何を調べるかを選ばせるようにするものです。資料等を自力で探す点で、Aよりも難易度が上がります。

パターンCは、子どもたちが予想をもった後で、それをどのような方法で調べるかを決めるものです。

インターネットなどで資料を集める、水道局の関係者に電話やメールなどで質問する、学校図書館で関係書物を読む、浄水場を見学・取材するなどさまざまな方法が考えられます。このパターンは、十分な見通しや取材相手方との事前連絡を必要としたり、調べる場所や時間の差異が生じたりするため、一斉授業ではむずかしい面があります。

パターンDは、Cパターンのむずかしさを克服するため、学級のみんなで調べる順番を決めるものです。

調べる観点や調べる方法を出し合い、そのなかから妥当なものを選び、調べる順番をみんなで決めていきます。これは、その後の授業計画づくりです。このようにしておけば、教師が事前に資料を準備したり、見学・取材を引率したりすることもできます。

パターンEは、たとえば「『水が送られてくるまでマップ』をつくり、働く人の様子を吹き出しに入れていこう」などと学習のゴールを決めておき、そのための情報収集を分担するものです。このパターンは、A～Dパターンのいずれかと組み合わせて学習を進めるようにします。

なお、パターンEの場合は、子供たちのなかに「マップをつくろう」が強く印象づけられるので、肝心の「どのようにして送られてくるか」という学習問題が頭から抜け落ちないよう、教師が舵取りする必要があります。

A～Eのパターンに、優劣や順序性はありません。たとえば、第6学年の「我が国の歴史に関する学習」であれば、学習の特性上パターンAが多くなるでしょう。

あくまでも子供の実態や学習内容、時間数に応じて、教師自身にできそうなパターンを選び、柔軟に取り組めばよいのです。

他方、学習計画を子供と相談するとなれば、「〇〇を見学したい」「パソコンをもっていきたい」などと、子供から実現不可能な提案が出されることもあります。これを回避するには、子供と相談する前に教師が実現可能な条件を先に提示しておくことです。子供にはその条件のなかから選ばせるようにすれば、「それはできない」と言わずに済むし、何より民主的で社会科的です。

いずれにしても、大切なことは、（教師の意図をベースにしながらも）学級全体で子供たちと相談しながら学習計画を決めるということです。そして、このような経験を積んでいくと、子供たちの発言が変わってきます。

「先生、次は何するの？」と質問してくるのがいままでの子どもたち。それが「先生、今日は～するんでしょ」という確認の声に変わります。さらに突き進むと、「次は～すればいいと思います」と意欲や見通しを示すようになるのです。

まさに、教師主導から子供主体へ、子供協働へと、授業が変わる瞬間だと言ってよいでしょう。

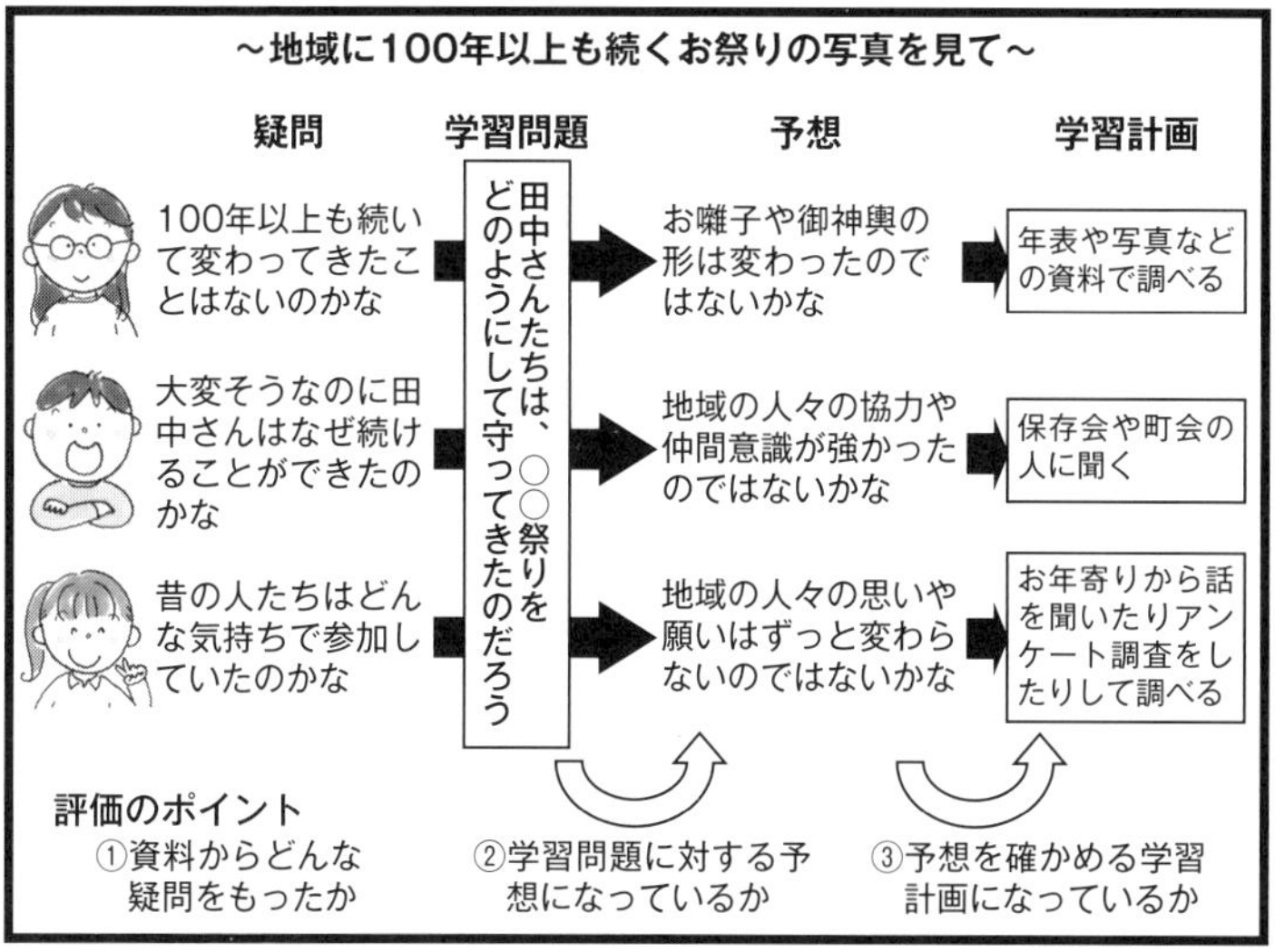

資料27

5 「疑問」と「予想」と「学習計画」

子供の「疑問」「予想」「学習計画」は、「学習問題」という大きな道しるべに絡みつき、相互に関連し合いながら存在しています。それをイメージしたものが**資料27**です。

このような連関性を踏まえるならば、学習問題をどのように設定するかによって、どのように学習計画を立てられるかも自然と変わってきます。

この学習計画にもいくつかの類型が見られます。ここでは、それらを紹介していきます。

ア 「どのように」A型

資料提示などによって、子供たちからさまざまな疑問を引き出し、それをいくつかの疑問点に整理して調べていくという学習計画のスタイ

①「どのように」A型

いろいろ疑問 ▶ 「どのように型」学習問題 ▶ 学習計画

例

日本土砂災害マップから気づいたことや疑問を出し合おう

↓

疑問　①どんな場所に集中しているのか
　　　②なぜこんなに多いのか
　　　③どんな対策を講じているのか

↓

学習問題　「土砂災害を防ぐ取組はどのように行われているのだろう」

↓

学習計画①→②→③の順番で調べていこう

資料28

ルです。**資料28**のように、疑問が調べることがらとなり、それが学習計画につながっていきます。

抽象度の高い学習問題と具体的な問いの組み合わせ構造を構成している例と言うことができます。

イ 「どのように」B型

先述した自動車工場の例のように、「なぜ疑問」をつくって子供たちの予想を引き出したうえで、

②「どのように」B型

なぜ疑問 ▶ 予想 ▶ 「どのように型」学習問題 ▶ 学習計画

■例

なぜ1本のラインで150種類もの自動車につくり分けられるのだろう

↓

予想　①工場自体がコンピュータ管理されているのではないか
　　　②部品工場と協力しているのではないか
　　　③ロボットが活躍しているのではないか
　　　④働く人の工夫や協力があるのではないか

↓

学習問題　「○○組立工場では、どのように自動車をつくっているのだろう」

↓

学習計画　①～④を順番に（または分かれて）確かめていこう

資料29

「じゃあ、予想をもとにして、どのようにつくられているのかを調べていこう」と、「どのように」型の学習問題をあらためて提示するスタイルです（資料29）。

予想を重視し、学習計画は「予想を確かめるために調べる計画」であるという点が「どのように」A型と異なる点です。

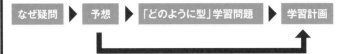

ウ　「なぜ」型

「なぜ疑問」を生かすため、「なぜ」型の学習問題から学習計画を立てるスタ

③「なぜ」型

なぜ疑問→「なぜ型」学習問題 ▶ 予想 ▶ 個別の課題 & 学習計画

■例

疑問　なぜ川のなかった所に水が流れているのか
　　　なぜこんなに高低差のない土地に水を引くことができたのか

↓

学習問題　「〜たちは、なぜ○○上水を完成させることができたのだろう」

↓

予想　①工事の仕方に工夫があるのではないか
　　　②水路の仕組みに工夫があるのではないか
　　　③水を引かなきゃならない大きな理由があったのではないか
　　　④〜たちの強い思いがあったのではないか

↓

個別の課題&学習計画
　①工事の様子を調べよう
　②水路の仕組みを調べよう
　③当時の水事情を調べよう
　④〜たちの人となりや業績を調べよう
　⇒ ⑤調べたことを交流して考えよう

資料30

イルです（資料30）。

「なぜ」に対する予想が学習計画につながっている点で、「どのように」B型と似ていますが、「なぜ」に対する答えは、いくつも見つかるため、子供個々（あるいはグループごと）の課題として、分かれて調べ、最後に交流するという例が多いといえるでしょう。

エ　「どうすれば」型

実社会の課題などに

④「どうすれば」型

いろいろ疑問 ▶ 「どうすれば型」学習問題 ▶ 個別の仮説「こうすれば」

→ 学習計画

■例

疑問　社会全体で高齢化が進むと、どのような問題が起こるだろう。

①病院は足りるのか
②年金や社会保険はどうなるのか
③怪我や孤独死などは増えてしまうのか
④バリアフリーは進むのか
⑤趣味やスポーツなどはできるのか

↓

学習問題「どうすれば高齢化社会の問題は解決するのか。課題を選んで自分の考えを提案しよう」

↓

個別の仮説

仮説①病院間の情報ネットワークを進めて補い合えば…
仮説②消費税を増税したり、課税の仕方を変えれば…
仮説③地域の見守りネットワークをつくり…
仮説④道路の改修工事の際は必ず…
仮説⑤福祉センターで補助員を採用して…

↓

学習計画「根拠となる資料や情報を集めて、それぞれの提案を説得力のあるものにしよう」

資料31

ついて、「どうすればよいか」と解決策を考えるための学習計画を立てるスタイルです。提案を求めるものなので、前提として一定の知識や理解が必要になることから、単元の後半に設定されることが多いようです。仮説や調べ方など、子供一人ひとりの自律性の高い学習計画が求められる点で、難易度は高いといえます。

このほかにも、「どっちが」と立場を明確にしてから、その根拠となる事実を調べるといった学習計画を立てるスタイルなどもあります。

＊

ここで紹介した型は、決して「この形式にのっとって学習計画を立てなさい」という意図で提示したものではありません。自分なりに組み合わせたり、新たな方法を考えたりするための参考例だと考えてください。

大切なことは、子供の疑問や予想などが生かされた学習展開や、子供が問題解決の見通しをもつことができる指導を工夫することです。

「協働的な学び」というと、何となく授業のはじめから子供同士がかかわり合っているイメージが浮かびます。しかし、単にかかわっていればいいということではありません。まず自分で調べる、自分で考えるなど、子供の主体的な学習の上に成り立つ「協働」、個々の力やよさが生かされ、それによって多様性が生まれる「協働」であることが大切なのです。

6 社会的事象の意味を話し合う

社会科の授業では「みんなで話し合って問題解決に向かう」学び合いが大切です。なぜなら、社会的事象には、数多くの人々の働きが関与しており、社会的事象の意味はさまざまな立場から解釈できることから、みんなで考えたり話し合ったりすることが、社会生活についての確かな理解につながるからです。

また、子供たちが将来に出ていく実社会は、さまざまな人々の立場や考えによって形成されています。そのため、力を合わせて問題解決に向かうこと、互いの考えを交わし合い、よりより方向を考えることを経験することは、生きて働く力を育てるうえで大切だからでもあります。

文部科学省が発行した『言語活動の充実に関する指導事例集』（平成２２年）では、論理や思考を育てる言語活動の充実のための指導に当たっての留意点として、次のふたつを示しています。

ア　事実等を正確に理解し、他者に的確に伝えること

イ　事実等を解釈し説明するとともに、互いの考えを伝え合うことで、自分の考えや集団の考えを発展させること

イに関連しては、「話し合いによる相互作用こそが思考力を高める」と結論づける研究もあるくらいです。これらを踏まえ、次に話合い活動に焦点化して述べてみたいと思います。

話合い活動は、次の3つの形態を意図的に組み合わせるとよいと思います。

①1対1の対話
②グループでの話し合い
③学級全体の話し合い

①1対1の対話

対話に人数の規定はありませんが、まずは1対1の関係が基本になります。小学校では、隣同士でふたつずつ机をつけて並んでいる学級も見られるので、そうした身近な環境を生かして気軽に設定するとよいでしょう。

対話のよさは、「話す・聞く」が交互に行われること、いずれの子供も必ずどちらかの行為に専念することになる点に特徴があります。

1対1である以上、相手の話を聞き、それに対するリアクションを起こせるのは自分しかいないわけですから、おのずと相手の話をよく聞くようになります。また、目の前の友達に向けて相手意識をもって話をするようにもなります。これが、話し合いの基本姿勢につながります。

そこで、たとえば3年生のはじめごろには、「ノートに書いたことを伝え合おう」「友達のまとめに意見を言ってあげよう」などと指示を出すなどして、子供たちを向かい合わせることからはじめるとよいでしょう。時間もほんの少しでかまいません。

そして、学年が上がってきたら、「まず隣の人と相談してみよう」「立場に分かれて話し合ってみよう」などと言って、解決すべき問題についての話し合いが自然にできるようにもっていきます。

②グループでの話し合い

グループでの話し合いは、4、5人程度で行われることが多いようです。それは、全員参加で話し合うための適正人数だと言われているからでしょう。

気軽にグループ活動を設定する例としては「相談」があります。「ちょっと近くの人と相談してみて」などと教師が投げかけるケースです。「相談」の場合の時間は短くてかまいません。

グループ活動の際に一定の時間を設定する場合には、教師は次の点で1対1の対話との違いを意識するようにします。

・司会（進行）役の子供がいたほうが話し合いがスムーズになる。
・明確なテーマがあり、それについて一人ひとりが意見をもっていることが望ましい。

グループの話し合いは、ア「何について」話し合い、イ「どのようにまとめればよいか」を確認してから設定することが大切です。

たとえば、次のような案配です。

ア「資料を見て疑問に思ったことについて」話し合い、イ「疑問点を整理してまとめる」
ア「〜の工夫のうち、特に大切なことについて」話し合い、イ「大切だと思う順番を決める」
ア「どうすれば参加者が増えるのかについて」話し合い、イ「たくさんのアイディアを集める」

このように、**グループにおける話し合いには、「情報を整理・集約する」「複数の結論を順位づける」「根拠を増やし視野を広げる」「質疑を通して互いの考えを確かにする」といった機能があります。**教師によって明確に意図されることが大切です。

また、最近では、**資料32**のようにグループ学習でホワイドボードを使う例や付箋を使ってまとめていく例が多く見られます。それらに共通するのは、書き直し、やり直しが容易にできることで、いわば試行錯誤を大切にする取組です。形式張らずに自由に話し合えるのが、グループでの話し合いのよさと言えるかもしれません。

資料32

③学級全体での話し合い

学級全体での話し合いは、教師が進行役になることが多いようです。子供が進行役になる事例もありますが、その場合、進行役の子供には事前のトレーニングが必要となります。

学級全体で話し合いを行う際には、教師は結論を急ぐことなく、子供が互いの説明内容を理解し合えるようにすること、話し合いの過程を大切にすることで、子供が話し合いの進め方を身につけられるように意図することが大切です。このような活動がグループでの話し合いのモデルにもなります。

先に紹介した『言語活動の充実に関する指導事例集』では、「イ　事実等を解釈し説明するとともに、互いの考えを伝え合うことで、自分の考えや集団の考えを発展させること」の項で、次の留意点を示しています。

・考えを伝え合う中でいろいろな考えや意見があることに気付くことができるようにすること
・それらの考えには根拠や前提条件に違いや特徴があることに気付くことができるようにすること
・それぞれの考えの異同を整理して、更に自分の考えや集団の考えを発展させることができるようにすること

教師が進行役を務めるに際には、次の２つの留意点を踏まえながら話し合いを進めていきます。

○子供に問い返す

・子供の発言は、文で表現させるようにする。単語の場合は、「○○が何？」などと文での言い直しを求める。

・理由や根拠が曖昧な場合や言葉が不十分な場合には、「なぜそう言えるの？」「つまり？」などと、子供が自分で補って発言し直すよう促す。

○子供同士をつなぐ

・ひとりの子供の表現に止めることなく、似ている内容でも、ほかの子供の発言を重ねるようにする。いろいろな文脈を引き出す。

・発言内容を理解できたか、納得したかなどと全体に問いかけ、子供同士が質問を投げ合うようにする。

・「今度は違う意見の人」「Aさんの発言につなげてみて」などと交通整理に努めつつ、子供の主体的な発言姿勢を促す。

次に、「問い」について考えてみましょう。

○話し合いが生まれやすい「問い」

「なぜ〜」「どうすれば〜」「どっちが〜」「どんな特色が〜」など

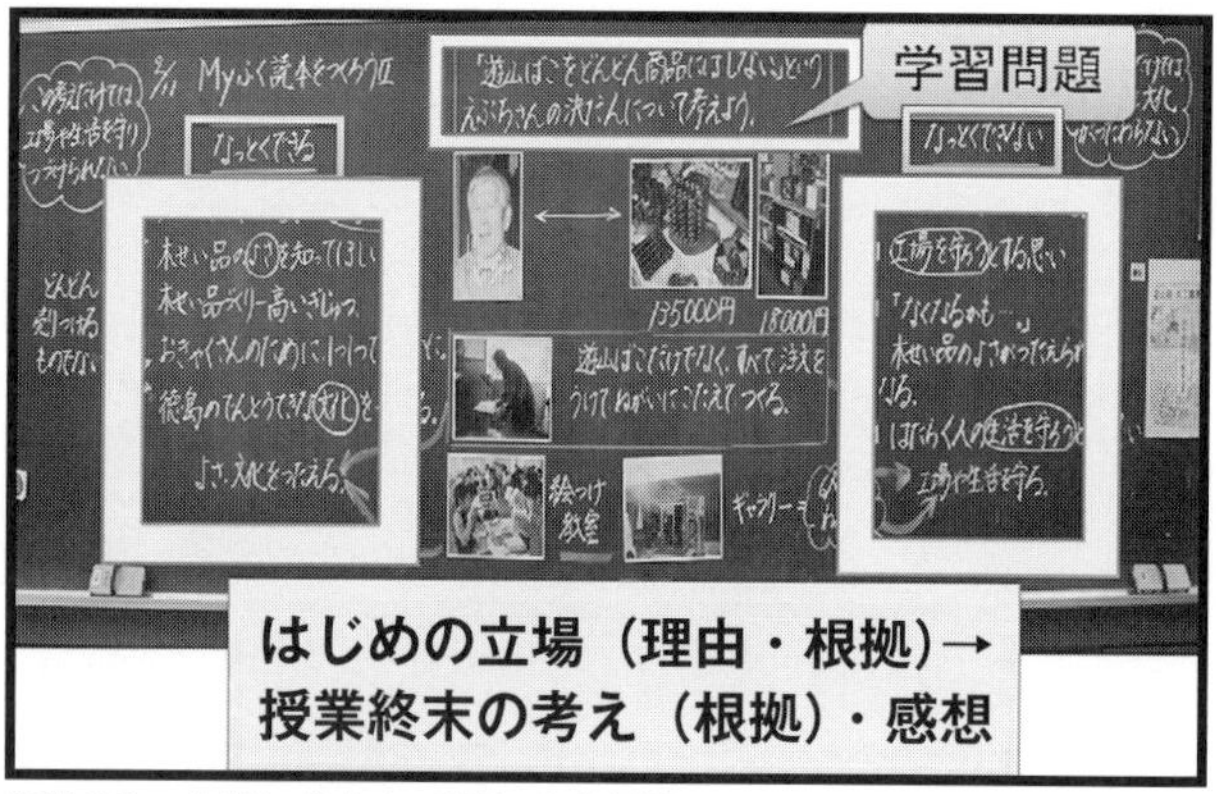

資料33　立場に分かれて話し合う例①

○子供が意見をもちやすい「問い」

「～は正しいと言えるか」「～ではダメなのか」「～のほうがよいと思うが、みんなはどうか」など

子供がそれぞれ異なる立場に分かれて話し合う活動があります。次はその一例です。

事例①に登場する民芸品職人のAさんは、年間500個以上は民芸品を生産しません。もし、それ以上の注文があったら断ることにしています。この考えに対し、「納得できる」子と「納得できない」子に分かれ（自分の立場〈考え〉を明確にして）話し合います（徳島県の事例）。**資料33**の板書は、双方の立場に分かれた子供たちの話し合いの様子です。

「納得できる」とした子供たちの理由は、「心を込めた手づくりだから生産量ではない」「伝統の技術を守るので仕方がない」という案配。

一方、「納得できない」とした子供の理由は、「このまま

資料34　立場に分かれて話し合う例②

では廃れてなくなってしまう」「収入や生活を守るべき」「アルバイトを入れても注文に応えるべき」などといった意見です。

子供たちの発言をよくよく聞いてみると、どちらの立場も民芸品やそれをつくっている職人のAさんを大切に思う意見ばかりだということに気づきます。ここが、ディベートのような対立討論とは異なる点です。伝統技術を守る仕事のジレンマを、子供なりに追体験しようとしている授業であることに特徴があります。

このように、事例①は子供が自分の考えのもとに立場に分かれて話し合う例だとすると、**資料34**の事例②は、実社会の大人に寄り添って考える、いわば大人の立場に成り代わって話し合う例です。

浅草のまちをどのように発展させていけばよいかを考えまちづくりを進めた人々、子供たちが調べた事実から、話し合いでは一体どんなことを発言するのだろうと考える授業でした（東京都の事例）。

子供たちは、お寺の立場、女将さん会の立場、区役所の立場、まちづくり推進会議（地域住民）の立場など、それぞれの立場からの意見を考えます。

社会科では、「立場に身を置く」ことをとても大切にしています。このようなトレーニングを重ねながら、社会の様子や仕組みを理解していきます。

7　力を合わせて学習のまとめをする

学習のまとめは、大きくわけて「帰結」型と「発展」型に分けることができます。ここでは、それぞれの型を紹介します。

ア　帰結型

帰結型とは、文章記述や発表などでまとめて学習を終えるオーソドックスな型です。「帰結」型を細分化すると、次の3つに分けることができます。

○帰結型①［振り返ろう］

あらためて学習問題を振り返って話し合い、わかったことや考えたことをノートなどに書きます。実際の授業でも一番多く見られます。

○帰結型②［～にまとめよう］

「調べたことやわかったことをパンフレットにまとめよう」「関係図に整理しよう」と言って成果物を作成する型です。学習したことのなかから自分が特に大切だと思うことがらの選択や事実関係の整理などを行います。

○帰結型③［～に伝えよう］

「ポスターにまとめて○○に知らせよう」「プレゼンテーションにまとめて、地域の人々（関係者）に提案しよう」と言って情報発信する型です。調べてわかった事実に対し、「よさ」「大切さ」などへの価値づけを行うことでまとめとする例が多く見られます。その際、重視するのは説得力です。

イ　発展型

発展型は、新しい情報や問い（学習問題や発問など）に基づいて話し合いを行い、理解を深めたり、関心を高めたりする型です。

帰結型とは異なり、学習を「わかった」で終わらせずに、「わかった」ことをもとにして、さらにその先を「考える」ことに特徴があります。

発展型を細分化すると、次の5つに分けることができます（問いの例のみ紹介）。

○発展型①［〜であるのに、なぜ？］
こんなに工夫してやるのに、なぜ○○の課題があるのか？
こんなに素晴らしい取組なのに、なぜ参加人数が減っているのか？
○発展型②［本当か？］
消防署の人の働きがあれば私たちは安全だ、それは本当か？
日本の工業は、原料の輸入と製品の輸出で成り立つ。それは今でもそう言えるか？
○発展型③［もしも〜なら］
あなたがもしも未来の工業開発者なら、どのような製品を開発するか？
もしも農業の自給率が下がり続けたら、どんなことが起こるか？
○発展型④［これからは、どうすれば〜］
これからも祭りが続いていくためには何が必要か？
これから水産業が続いていくためにはどんな方法を重視すべきか？
○発展型⑤［私たちは〜］
ゴミ減量に協力するために、私たちにはどんなことができるのか？
私たちの街には、守り活かす資源としてどんなものがあるのか？

こうして並べてみてわかることは、発展型といっても、必ずしも「私たちは」を求めるものばかりではないということです。むしろ、社会的事象に対する理解を深めたり、関心を高めたりしようとする例が多いといえるでしょう。ほかにも、一人ひとりで、あるいはグループごとに調べ、それをもち寄ってまとめる授業展開も多く見られます。

たとえば、次のような実践があります。

市の様子を方位ごとに分け、グループごとに調べて最後につなぎ合わせ、市内の地域ごとの特色を明らかにする授業です（京都市の事例、執筆者が加工）。最終的に「京都市にはどのような特色ある地域があるか」を話し合ってまとめていた授業でした。

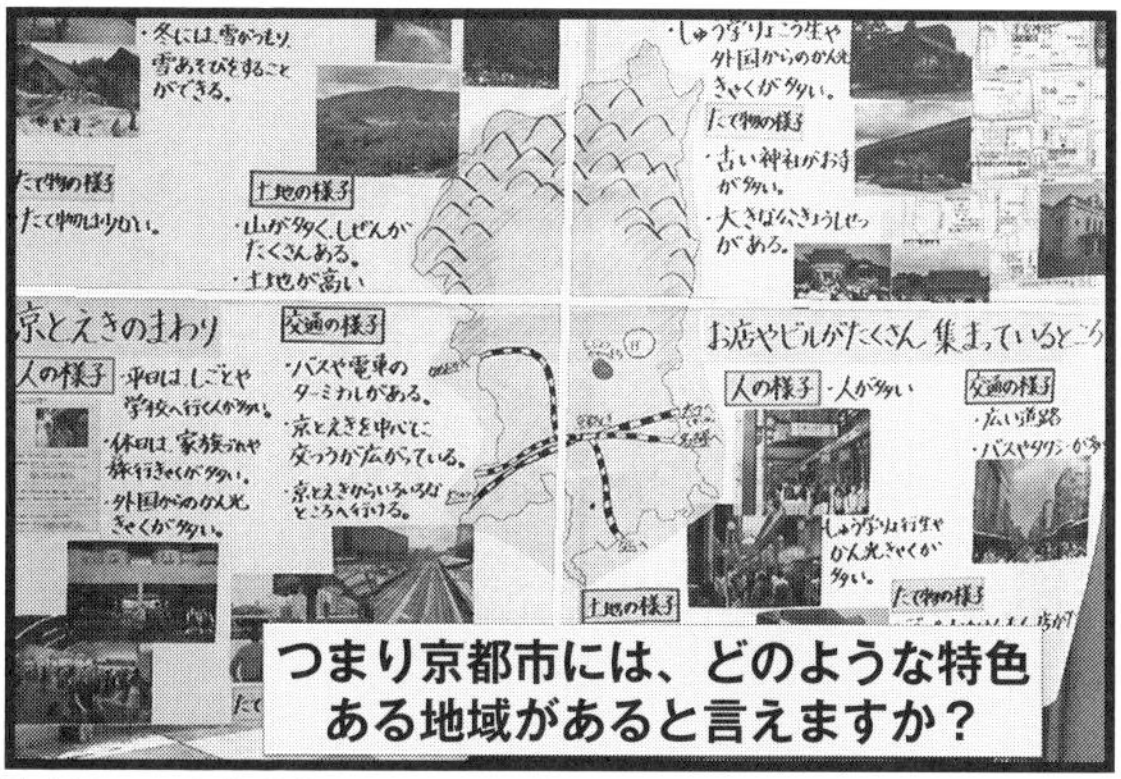

資料35　力を合わせて問題解決を目指す例①

資料35の写真は、上記の活動を行った子供たちの作品ですが、このように、子供たちが力を合わせて学習のまとめをする姿が見られました。

資料36の写真は、地域にある文化遺産を守ってきた人々に取材・調査を行い、それを年表にした子供の作品です（香川県の事例）。
子供たちは、学級全体でつくる大きな年表に、自分たちで調べたことを位置づけていきました。そうすることで、そこには「どんな共通点があるのか」「どんな願いや努力が受け継がれてきたと言えるのか」そんな抽象度の高いことがらを見取っていったのです。

このように、自分ひとりでの調べ活動では見えなかったことがら（社会の様子や仕組み、人々の思いや願い、工夫や努力など）も、みんなで力を合わせて学習のまとめを行うことによって見えてくることが数多くあります。

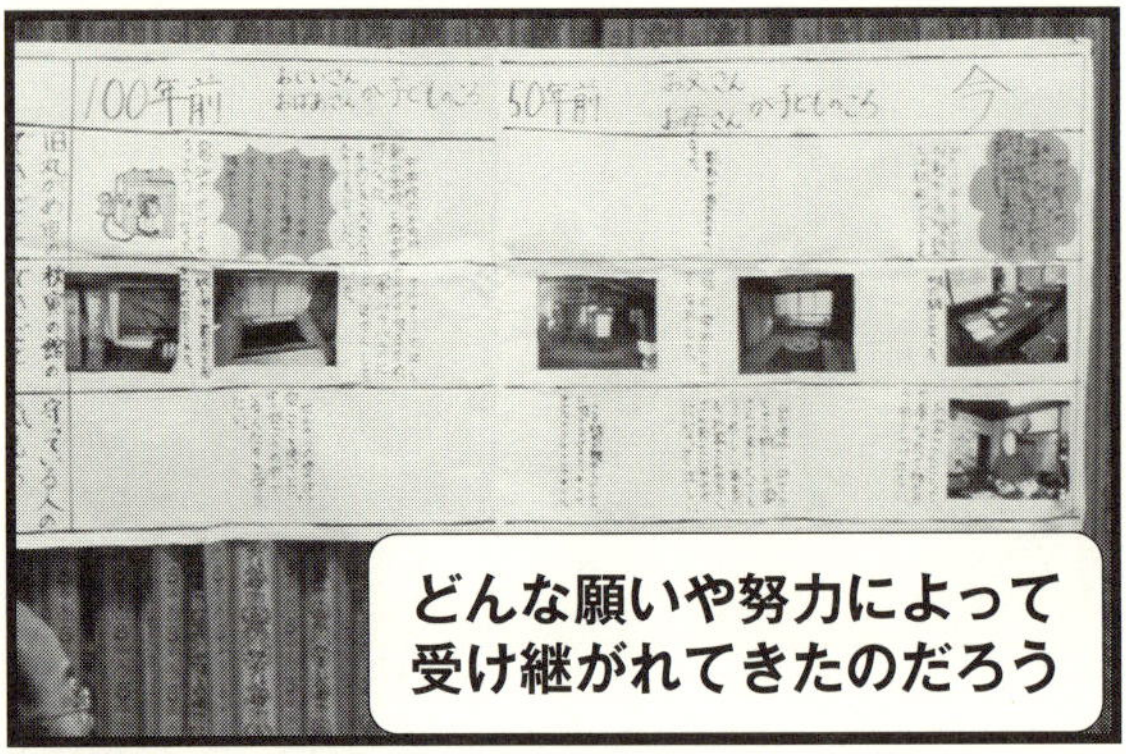
100年前
50年前
今
どんな願いや努力によって
受け継がれてきたのだろう
資料36

8 実社会の人々の協働的な問題解決を学ぶ

ここまで、子供が「協働的」に学ぶ姿を紹介してきました。ここで忘れてはいけないことがあります。社会科は「大人の協働」を学習内容にしていることが多いという点です。

たとえば、**資料37**を見てみましょう。この板書は、火災

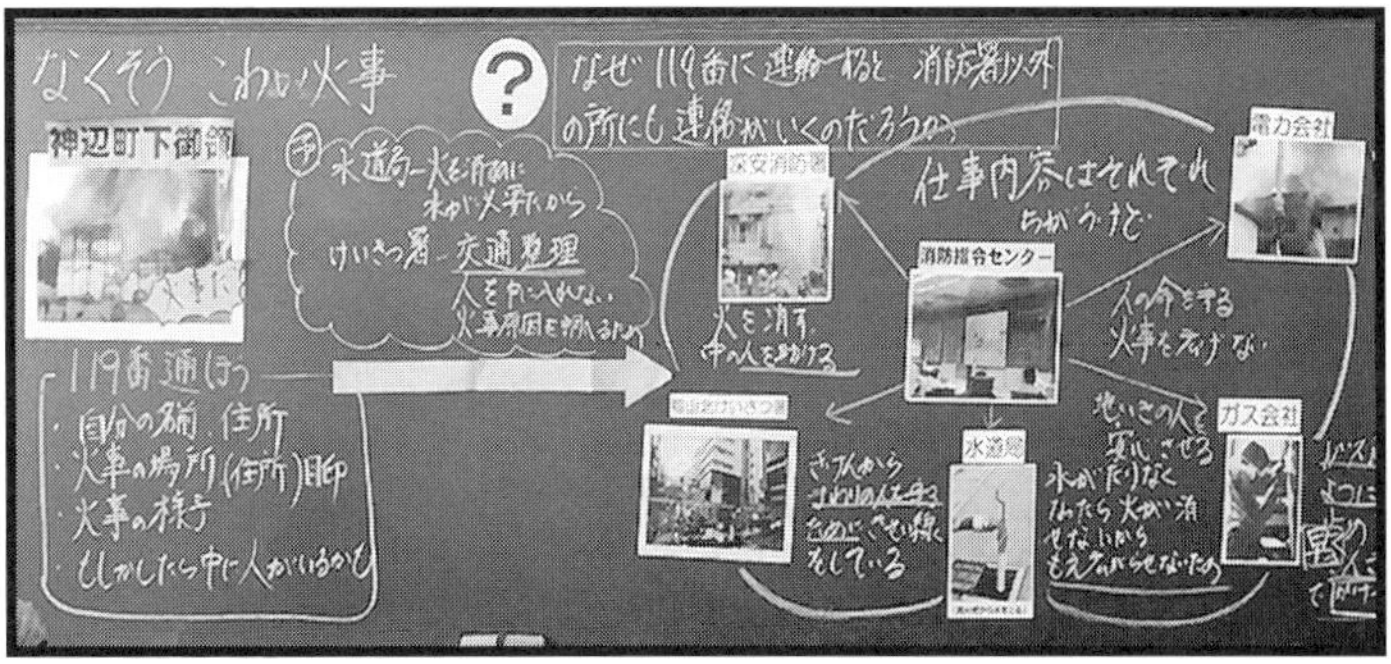

資料37

が発生した際、関係機関が相互連携して緊急対処する様子を学習したものです（福山市の事例）。

これを見ると一目瞭然。これまでも、いろいろな事例を紹介してきましたが、こうした**大人が協働する姿が、未来を生きる子供たちのモデルになっている**ということを教えてくれます。社会科が子供たちに届けたい内容のひとつでもあります。そのような大人の姿を見て、子供たちは協働することの大切さを学んでいくのだと思います。

9　実社会の人々と協働する（社会参画への基礎）

「実社会の人々の協働的な問題解決の姿を学習内容にして、子供自身も、学習問題を追究・解決するべく情報をつないだり話し合ったりして協働的に学ぶ」

そうであるからこそ、社会科は、社会参画への基礎が養われる教科であると言うことができます。

「事実や情報を集めて調べ、社会的事象の様子を把握し、その意味を考える。そうすると実社会には、さまざまな課題があることにも気づく」このような準備段階を経て、子供たちは、実社会の人々と協働し、問題解決するための基礎を身につけていくのです。

実社会には、私たちにできることもあれば、できないこともあります。むしろ、できないことのほうが遥かに多いかもしれません。しかし、私たちの住むこの世界には、不可能だと思われていることにあえて果敢に挑戦し、課題の解決を図ろうとしている人々がたくさんいます。そうした人々であれば、立場が異なろうとも、きっと力を合わせて連携・協力しているはずです。このように人の働きと社会とを自分とのかかわりでとらえる子供たちを育てることが社会科の使命です**（資料38）**。

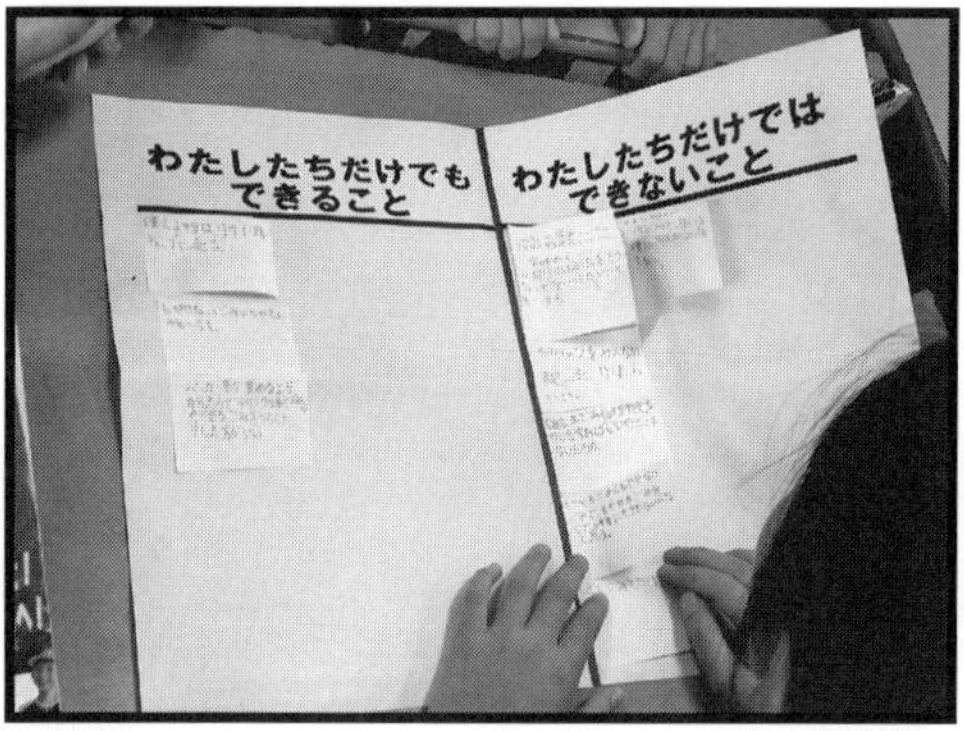

資料38

次のような実践もあります。

琵琶湖の環境について、過去の環境改善の取組と現在の様子を調べ、今度は未来の琵琶湖の環境について自分たちは何ができるのかを考えようとした実践（滋賀県の事例）です**（資料39）**。

独りよがりではない、絵空事でもない、過去を見つめるが過去に縛られず、いまをしっかり見据えて未来に思いを馳せる、あるいは地域の一員として、県民として、国民として考える、そんな子供たちを育てていきたいものです。

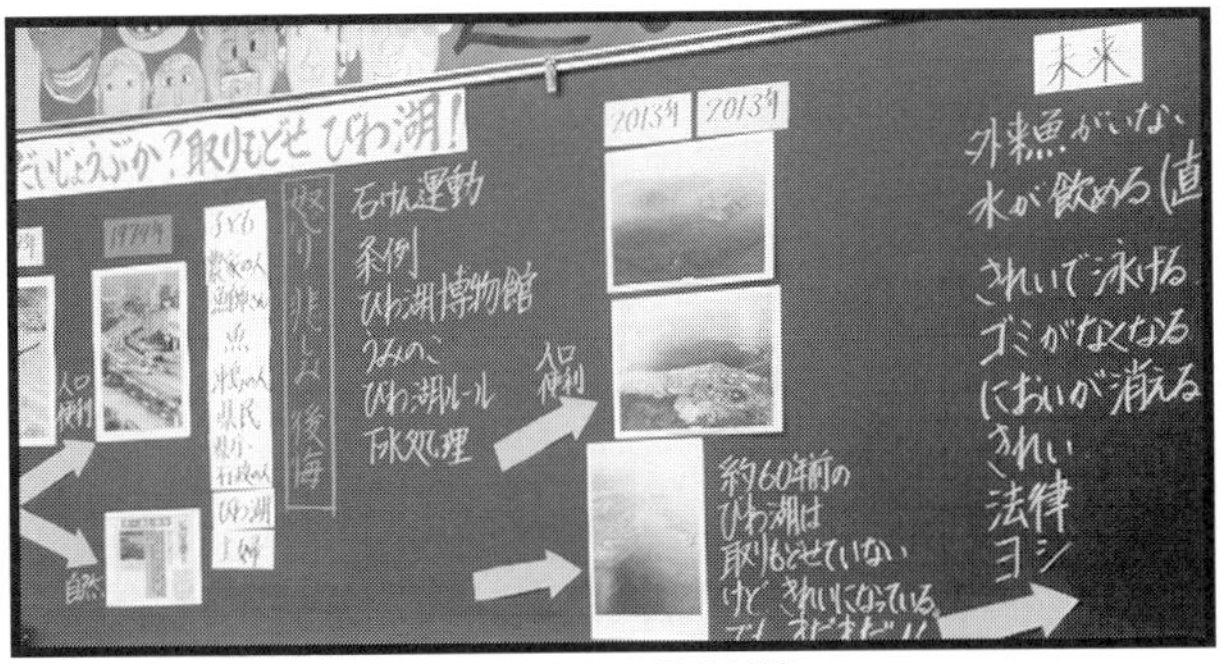

資料39　力を合わせて問題解決を目指す例②

「学習評価」のデザイン

1　評価は技術

「学習評価はむずかしい」先生方からよく聞かれる声です。

確かに、一人ひとりの子供の表現内容を聞き取ったり読み取ったりして、それがよいのかダメなのかを判断しなければならないし、子供の数だけそれを繰り返さなければなりません。それがどれだけ困難で、かつたいへんであるかはわかります。

しかし、月並みな言い方かもしれませんが、教師の仕事はプロフェッショナルです。プロは技術で勝負します。そして評価も、指導と同じくプロの技術なのです。

そもそも、子供の学力は本来、観点別に分かれて発揮されるものではありません。にもかかわらず、**資料40**のように観点別に評価規準を設けて評価するのは、子供の学力を把握するための方策としての（言わば便宜上の）切り分け方なのです。ですから、この方策を生かすためには、相応の技術を磨かなければなりません。

最近の研究授業を参観していると、先生方があまりメモを取っていないことに気づきます。気づくというよりも驚きます。

教師の発問とそれに対する子供の反応、提示された資料に対する子供の読み取り、こうした記録を取ってみない限り、評価の技術は高まりません。「評価はむずかしい」と言う前に、そういう技術を高める努力をしているか、そのことをよく考えてみる必要があると思います。

子供の反応を聞き取り、読み取り、そして解釈する。そのための指標になるのが評価規準です。

社会的事象への関心・意欲・態度	社会的な思考・判断・表現	観察・資料活用の技能	社会的事象についての知識・理解
①社会的事象について関心をもち積極的に調べている。	①社会的事象から学習問題や予想、学習計画を考えて表現している。	①学習問題の追究・解決に必要な情報を集めて読み取っている。	①社会的事象の様子について理解している。
②よりよい社会を考えようとしている（心情など） ＊各学年の態度に関する目標から	②調べたことをもとに（比較、関連付け、総合などして）、社会的事象の特徴や相互の関連、意味を考えて適切に表現している。	②調べたことを地図や年表、図表や作品などに整理してまとめている。	②社会的事象の特徴や相互の関連、意味を理解している。

＊『評価方法等の工夫改善のための参考資料』国立教育政策研究所（平成23年）の資料をもとに筆者が作成

資料40　評価規準の設定例の骨子

そうかといって評価規準を暗記すれば、適切に評価できるわけでもありません。教師が自分の経験と知識、求める子供像というフィルターを介して、この指標を解釈し直すという過程を踏まなければならないのです。

ですから、1時間の授業で、たくさんの評価はできないはずなのです。1時間の授業であれば、本時の目標を見据えて観点を焦点化し、評価規準を設定する方策が奨励されているのはそのためです（資料41）。

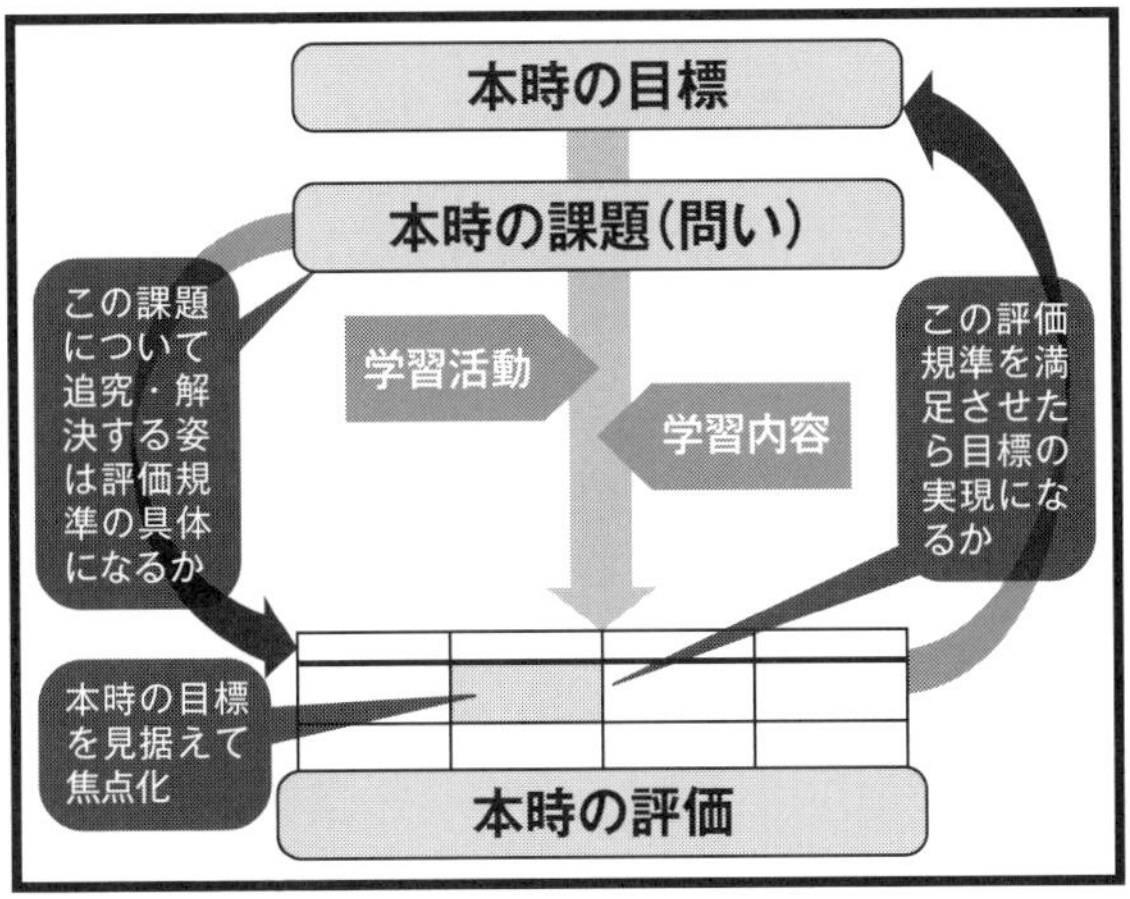

資料41

実際の評価においては、「この場面で」と教師が意図的に設定しておきます。それは、話し合いの場面でも、学習のまとめの場面でもかまいません。

話し合っている際の発言、ノートやワークシートの記述、作品の説明内容など、評価の対象となる表現（物）についても同様です。いずれにしても、重要なことは、あらかじめ決めておくということです。

あれもこれもと評価しようとすれば、教師の目線が定まらなくなります。すべての子供たちに同じ条件での評価を行うこともできなくなります。

そこで、評価規準を定めた後には、具体的な子供の反応を実際に考えてみることです（資料42）。評価規準をよりどころにするだけでは、子供の表現を適切に解釈することはできないので、教師が想定した表現をあらかじめ用意しておくのです。

その際、問いとセットで考えることがポイントです。どんな問題、どんな課題、どんな発問に対する表現なのかを明確にしておきます。見方を変えれば、「教師の想定した表現（反応）が子供から得られる問い」をちゃんと用意するということでもあります。問いを設定していないのに答えを求めていないか、表現内容を想定せずに手探りしていないか、ぜひ振り返ってみましょう。

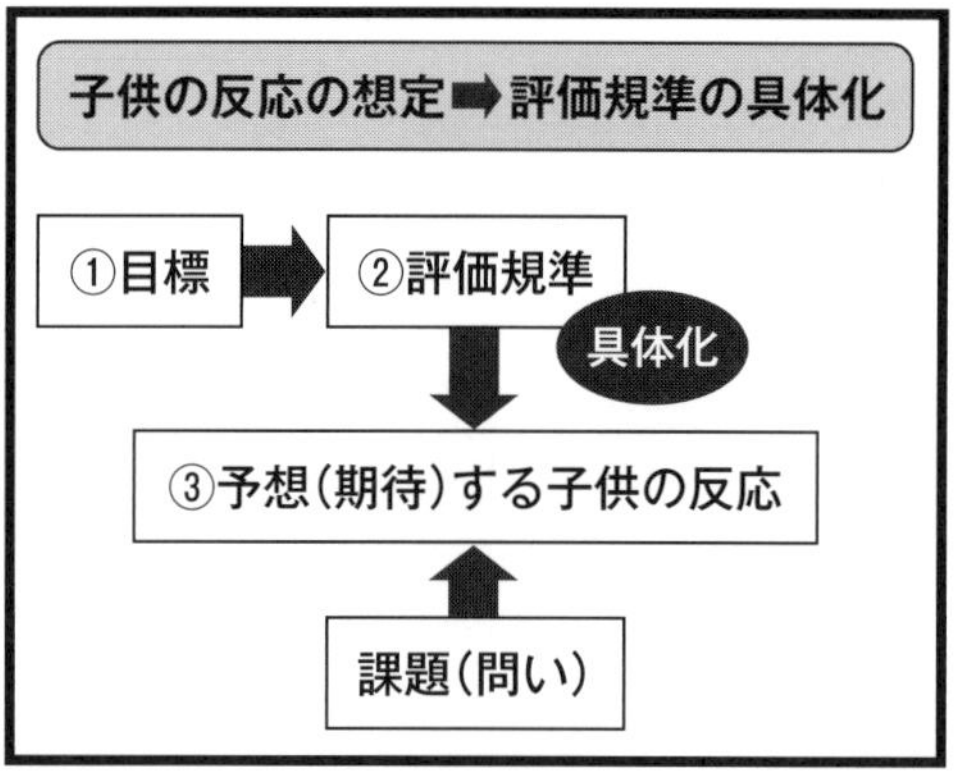

資料42

2 指導したことを評価する

評価の目的には、大きく分けてふたつあります（資料43）。

このふたつの目的を踏まえると、子供の発言を褒めたり、子供の学習状況に助言したりしている先生の働きかけは、評価を踏まえた働きかけになっていると考えることができます。

まず目標をよく考え（分析し）、それをしっかり把握して子供の前に立つ。まずこのことで評価を行える姿勢となります。

学習評価の基本的な考え方
―目標と指導と評価の一体化―

（1）評価したことを指導に生かす
➡ **目標の実現を目指す**

（2）指導したことを評価する
→記録に残す
➡ **目標の実現状況を測る**

資料43

逆に、目標があいまいなままでは、「どうすれば評価できるか」の答えは得られません。教師は目標の実現に向けて指導するはずですから。

日常の学習活動の見取りが積み上げられてはじめて、適切な評価となるわけですが、殊に記録に残す評価、すなわち評定をどうするかについては、どの先生の頭も悩ませる問題です。その子の表現は、「概ね満足できる状況」（B）なのか、「努力を要する状況」（C）なのか、はたまた「十分満足できる状況」（A）なのか。

これらを見極めるためには、目標の実現に向けて、教師がどのような指導をしたのかが問われます。指導していないことは評価できないからです。

したがって、何の観点、どのような評価規準で評価するかということと、指導の仕方には密接な関係があります。

たとえば、**資料44**は、ある子どもの学習カードの記述（パソコンで打ち直したもの）です。スーパーマーケットの販売（東京都の事例）の仕方についての「知識・理解」を評価するために書かせています。

一方、**資料45**は、「思考・判断・表現」の観点で評価しようとした授業の様子です。消費者ニーズと関連づけて、販売の工夫の意味を考え表現させたものです。このふたつの資料を見るだけでも、指導の仕方にはさまざまなバリエーションがあることがわかります。

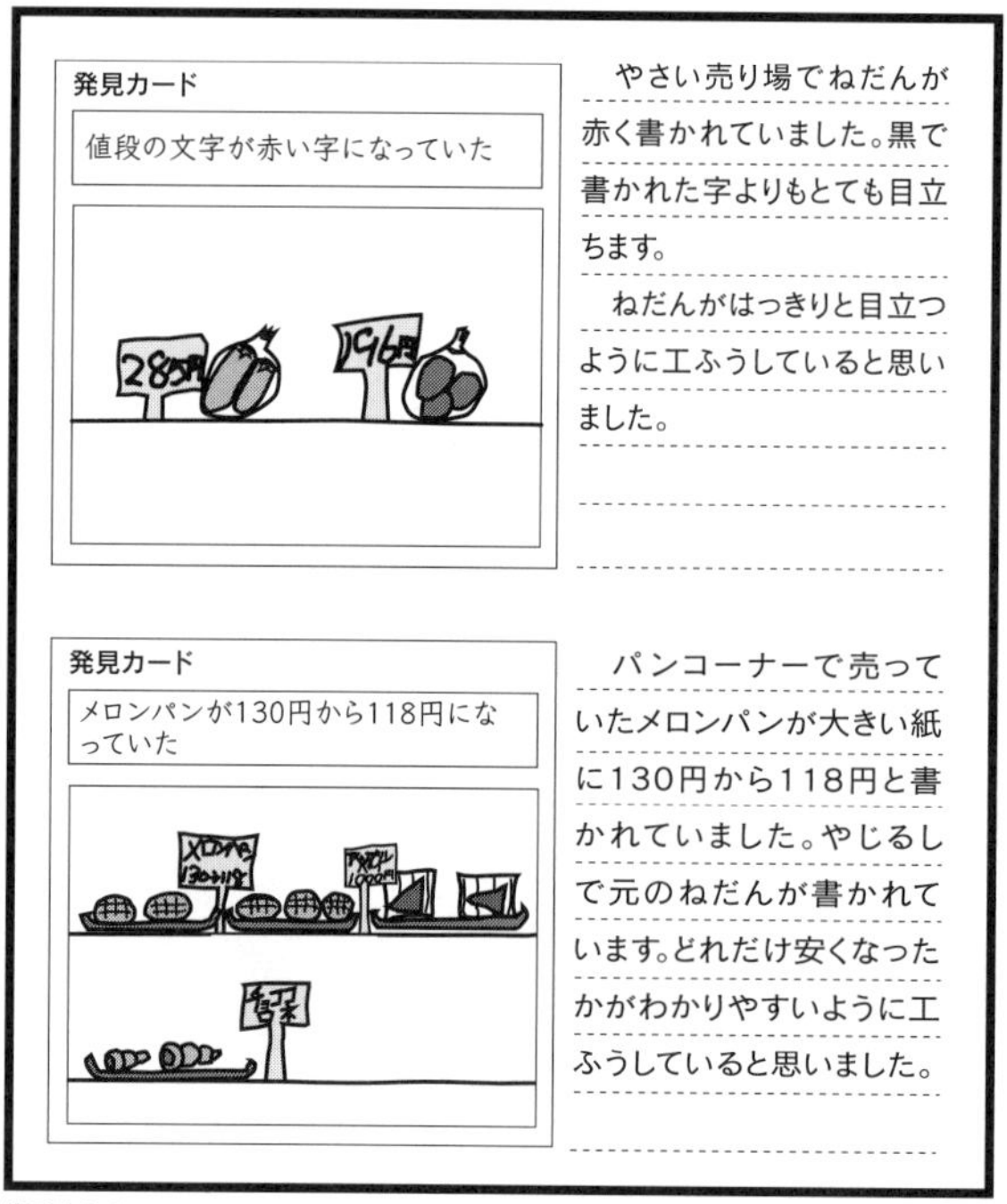

発見カード
値段の文字が赤い字になっていた
やさい売り場でねだんが赤く書かれていました。黒で書かれた字よりもとても目立ちます。
ねだんがはっきりと目立つように工ふうしていると思いました。
発見カード
メロンパンが130円から118円になっていた
パンコーナーで売っていたメロンパンが大きい紙に130円から118円と書かれていました。やじるしで元のねだんが書かれています。どれだけ安くなったかがわかりやすいように工ふうしていると思いました。

資料44

評価は「教師自身が指導したことを

評価する」ことが原則です。どんな目標の実現に向けた学習なのか、どんな指導をすればどんな評価ができるのか、こうした点にしっかり意を用いたいものです。

3 「思考・判断・表現」は、理解との関係に着目

評価の観点のうち、もっともむずかしいと言われるのが、「社会的な思考・判断・表現」です。思考は理解と密接な関連性があり、それがために評価をよりいっそうむずかしくしていると言ってよいでしょう。

そこで、ここでは、（紙幅の関係で、この観点の趣旨等について詳しくは述べませんが）実際に評価する際にどのようなアプローチをすればよいか、次のような方策を考えてみましょう。

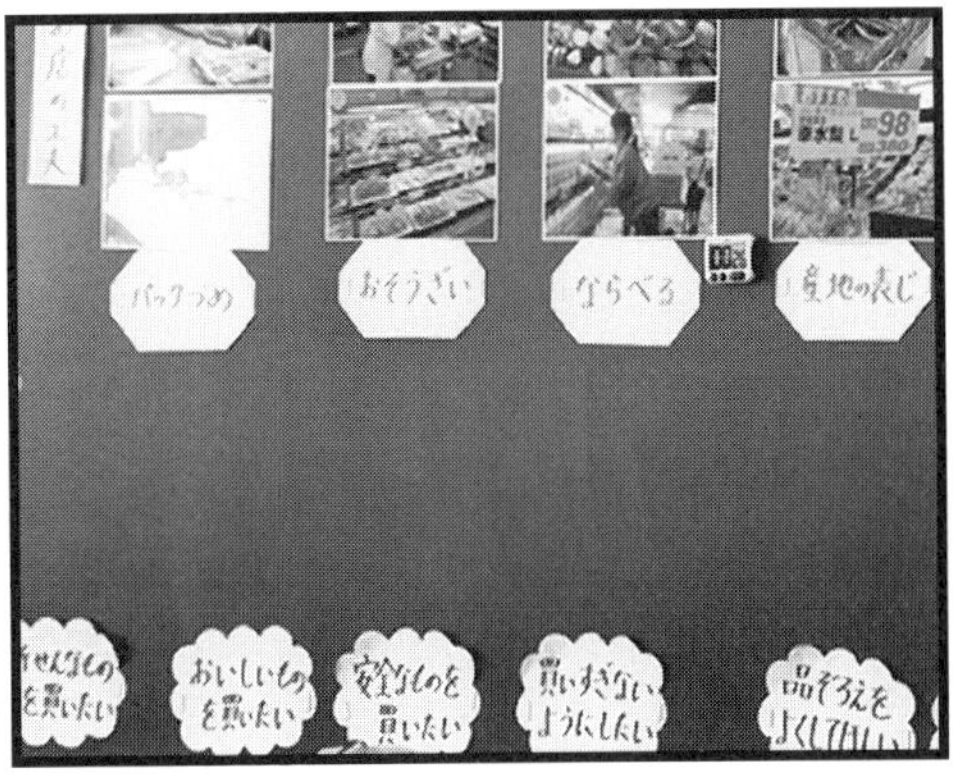

資料45

ア 「思考」→「理解」の過程に着目する
イ 「理解」→「思考」の過程に着目する

ア 「思考」→「理解」の過程に着目する

資料４６は、子供の学習の様子を表したものです。市の様子について学習していました（香川県の実践）。

市内の駅周辺を調べてきた子供たちが、その様子を「にぎやか」と表現しました。それに対して、教師は「なぜ、にぎやかなの？」と問い返します。すると、「建物が多い」「道路が広い」「会社が多い」「交通機関が多い」と事実を次々と挙げていきました。「だから、にぎやかだ」と。

次に、自分たちの見てきた「事実」と「にぎやか」という「印象」を結びつける要素を考え、付箋に書き込み、模造紙に貼っていきます（資料４６）。そして、人々の動向がにぎやかさをつくり出しているという結論に迫っていきました（概念の理解）。

これは、理解に至る過程を上手に活用して子供の思考とその表現を評価する方法の例です。

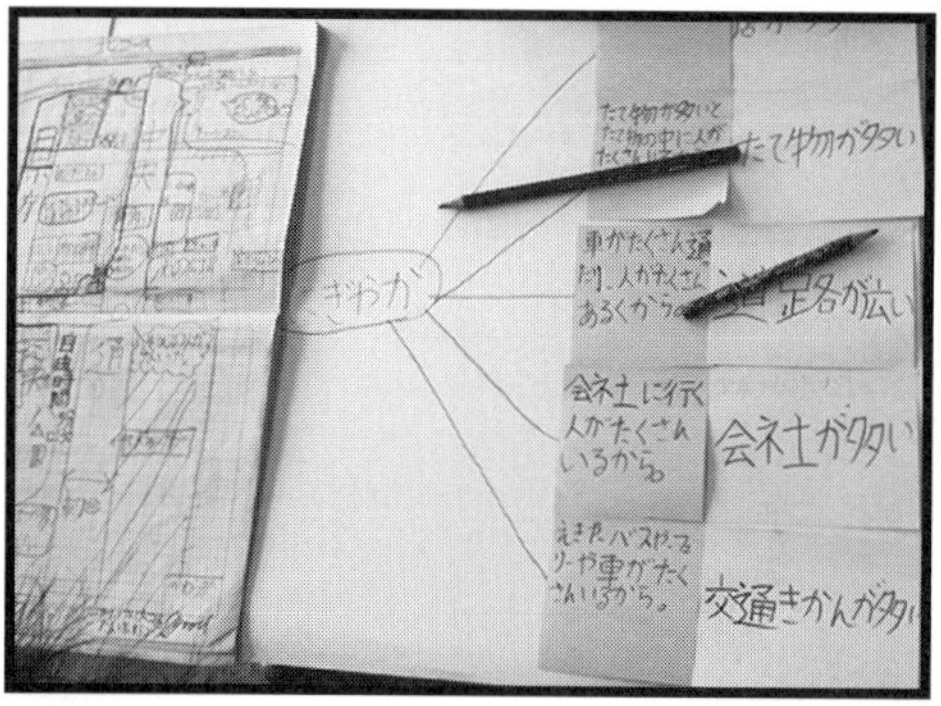

資料46

イ　「理解」→「思考」の過程に着目する

資料４７は、「聖武天皇と大仏造営」についての学習のまとめ（東京都の事例、ワープロで打ち直したもの）です。

上段は吹き出しになっており、ここには子供が聖武天皇の立場に身を置いて、自分の行った業績の意味を書き込みます。これは「知識・理解」で評価します。

一方、下段は「学習感想」となっています。「わたしは…」という書き出しからもわかるように、子供が学習者としての立場から自分の考えを記述します。これを「思考・判断・表現」で評価します。

聖武天皇の願い

この世の中は、反乱や災害などが多いから、何とかしたい。きっと、世の中の多くの人が不安に思っているだろう。だから、多くのお金や人をかけてでも仏様の力を借りて、この世を何とかしようと思って大仏を建立したんだ。私の考えは、決して間違ってはいない。天皇なのだから世の中の人のために私は大仏を建立したんだ。

学習感想

わたしは、大きな大仏をたくさんのお金をかけたり多くの人を利用したりしたということから、やっぱり当時の天皇の力はすごかったんだと思いました。あと、世の中のこともしっかり考えていることがわかりました。

多くの対立や災害があった当時は、とても不安定な世の中で多くの人々はもちろん、聖武天皇もとても不安だったと思います。それを仏の力を借りることによって何とかしたいという考えがあったからこそ、大仏の建立はもちろん、国分寺や国分尼寺を各地に建てるなどいろいろな取組をしたんだと考えました。

資料47

どちらの観点も評価規準を明確にしておくことが大切です。

＊

資料47の下段の「学習感想」は、「関心・意欲・態度」で評価したほうがよいと考える先生方もいます。ワークシート上には、思考・判断を促す問いが設定されておらず、何を書いてもよいように見えてしまうからです。

実際の授業では、教師は「聖武天皇の大仏建立について、時代の様子を入れながら、あなたの考えをまとめましょう」と投げかけていました。このように、学習のふり返りの際にも、ただ「感想を書きましょう」ではなく、意図的な問いを投げかけて子供に文章を書かせるようにすると、評価しやすくなります。

記述式のテストを考えてみればわかると思います。子供が答えを書くためには「設問」が必要です。子供が書いた答えを採点するためには、設問のなかに教師の「意図」が必要です。すなわち、**「設問」がなければ答えようがないし、「意図」がなければ評価しようがない**のです。

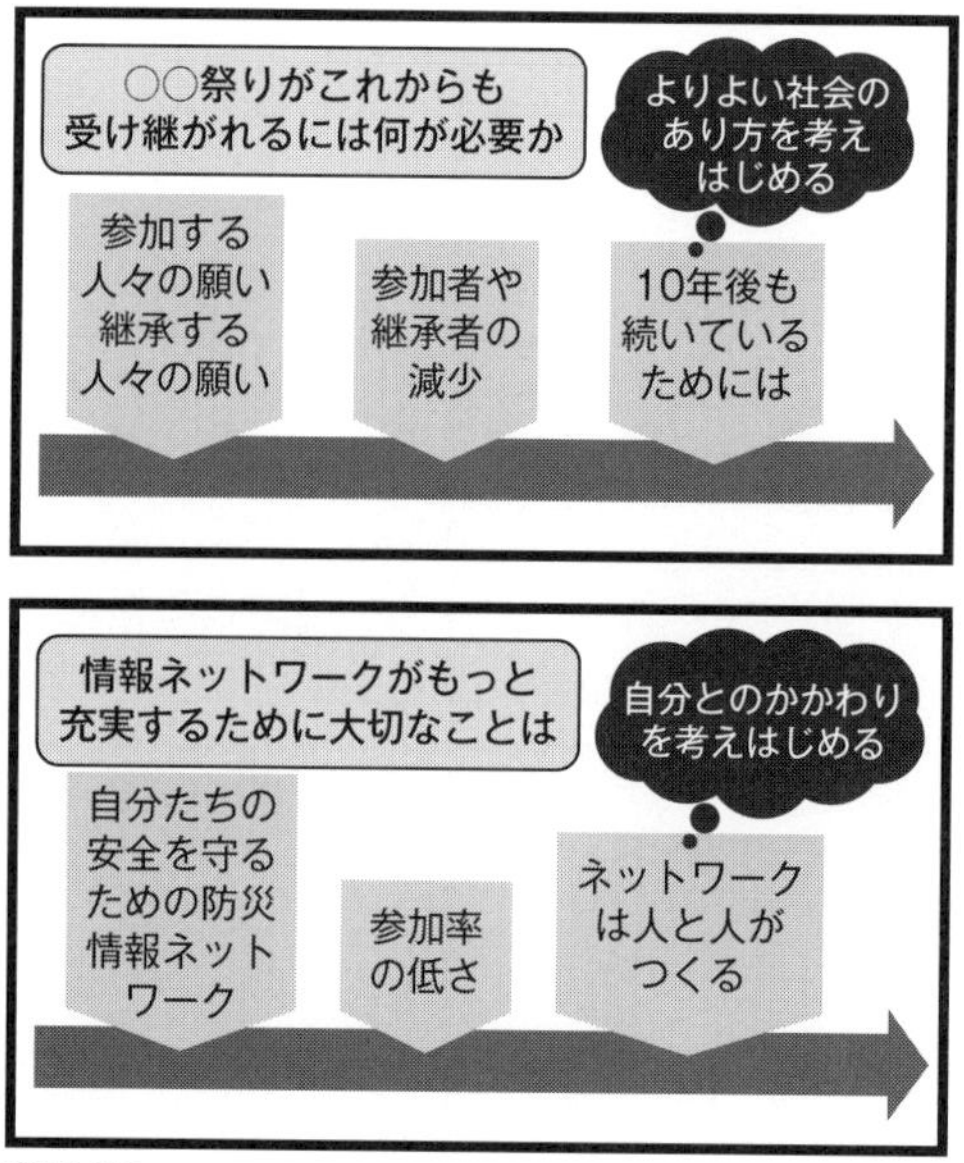

資料48

資料47のワークシートを「社会的事象への関心・意欲・態度」で評価するなら、教師の投げかけは「感想を書きましょう」でよいかもしれません。しかし、「関心・意欲・態度」にしても、特に「態度」については、「学んだことを実社会に生かそうとする社会的態度」を意味するので、やはり問いかけがあったほうが、教師が期待する子供の表現を得られるのではないでしょうか。

資料48は、教師が問いかけを行ううえでのイメージです。単元の終末に、「これからは」「自分たちは」と、未来や社会とのかかわり方を考えさせるための問いかけです。

こうした問いかけに対しては、子供たちからの多様な表現が想定できます。それこそ、いままで学んだことを生かそうと、子供たちは数多くの表現をすることでしょう。こうした「開かれた問い」に対する子供の反応を「関心・意欲・態度」（社会的態度）の観点で評価している事例も数多くあります。

4　学習のまとめは、子供の言葉で

45分授業の最後に、先生が結論的なひとことを言ってまとめてしまう授業があります。他方、何とか子供に結論めいたことを言わせて、まとめようとする授業もあります。いずれも、その根っこにあるのは同じ。教師が言うにせよ、子供に言わせるにせよ、教師が求めているものは、指導書などに書かれているような抽象度の高い結論です。

「つまり、それってどういうことだと思う？」と教師は子供たちに問いかけます。

このような授業で投げかけられる問いには、教師の作為が背後に隠されています。子供の可能性を引っぱり出すような誘導ではなく、文字どおりの誘導尋問。要するに、「誰でもいいから、私の言ってほしい言葉を使って発言して！」というのが、その教師の胸中にあります。

しかし、子供は、なかなかその言葉を言いません。具体的なことがらをすっ飛ばして事象を抽象化することなどできるはずがないからです。

教師に問われれば、子供は何かしら口にします。しかし、それらは教師の言ってほしいこととは違うこと。すると、教師は次のようなことを言い出します。

「ちがう、ちがう」

「そうじゃなくて…」

「○○さんはわかる?」

結局、子供の発言のことごとくが否定されます。本人は、自分がどのようなやり取りを子供に強いているのか、まるでわかっていません。

このような授業を受けた子供たちは、決まって同じような言葉で学習のまとめをします。「○○では、関係機関が協力しています」といった案配。

果たしてこれで子供たちの学習状況を適切に評価できるでしょうか。そもそも子供たちが理解したという確証を得られるでしょうか。

教師の投げかけ方ひとつで子どもの反応は変わるものです。たとえば、次のように促したらどうでしょう。

「なるほど。みんなの調べでそれぞれの機関が協力し合っていることがわかったね。じゃあ、それはどんな協力かな？　今日、学んだことから『たとえば』『それは』とつなげてみよう」このような投げかけであれば、具体的なことを書くことができるし、子供はちゃんと自分の頭で考えてまとめることができます。

子供たちの発想は、常に具体の近くにいます。ですから、抽象度の高い（概念化された）言葉については教師が最初に言ってしまって、それに続ける形で具体と抽象、すなわち「たとえば」と「つまり」を行き来できるようにすればよいのです。

学んだ事柄、用語や語句を使って、子供が意味を説明できたとき、「この子は理解できた」ことが証明されます。その表現を評価すればよいのです。

5　単元の「指導と評価の計画」は全体設計図

単元計画を考える際には、資料40の評価規準の骨組みを理解したうえで、評価規準を設定し（例は2つずつですが、この限りではありません）、指導計画に計画的に配置します（資料４９）。そうすれば、単元全体の授業設計図が完成します。

教師は、評価者である前に指導者です。ですから、あまり評価にふり回されないことも必要です。

考えてみてください。たくさんのＡＢＣがあれば、正しい評価ができるのでしょうか。子供たちの学力は、果たして高まるのでしょうか。

まずは指導責任をしっかり果たして、指導した成果、学習した結果がまとまって現れる場面（資料４９の表で言えば、観点ごとの評価規準②の評価場面）で、全員から評価材料を収集して公平に評価をすること、まずはこう考えることが大切なのではないかと思います。

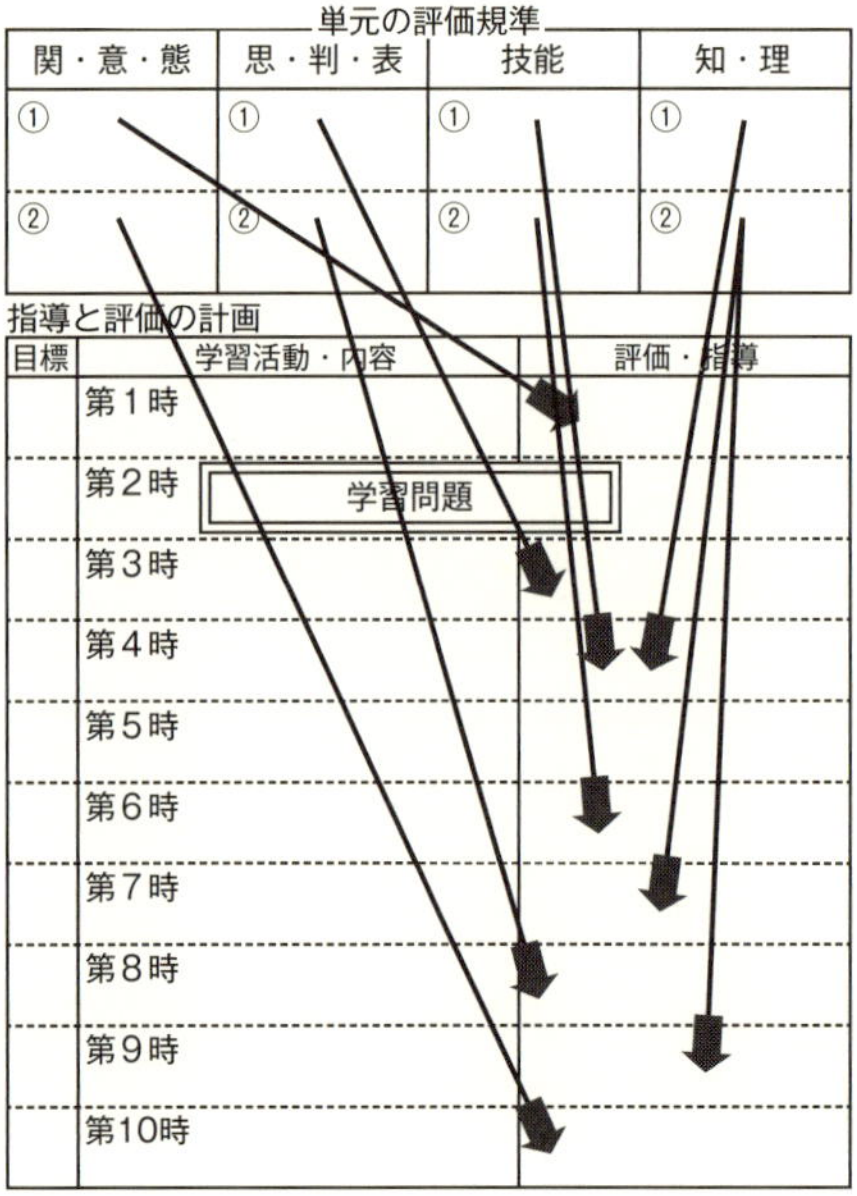

資料49

６　子供の大切な学びの姿を

子供たちの表現は、４つの観点が織り混ざってなされます。決して「関心・意欲・態度」だけを表現することはありません。

資料50は、子供が学習のまとめを書いた文章です。「自然環境を生かした暮らし」についての実践でした（神戸市の事例）。

よく見ると、6行目の「わかり」と、8行目の「わかった」は趣旨が違うことに気づきます。

6行目の「わかり」は環境づくりをしている豊岡の人々の取組がわかった（理解した）ことを表現しています。一方、8行目の「わかった」は、大切なものを戻そうとする懸命な思いがわかった（わたしは考えた、あるいは感じた）ことを表現しています。

このように、子供の表現を読みとる技能が高まってくると、子供の大切な学びの姿が自然と見えてくるようになるのです。

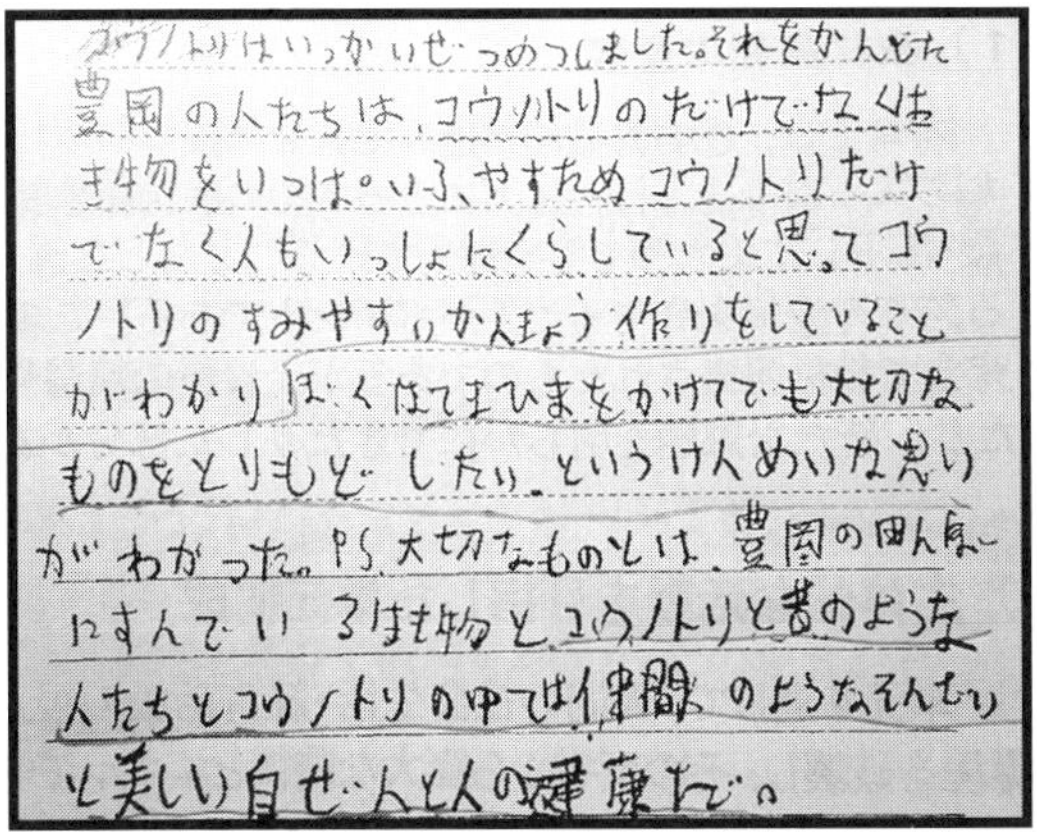

コウノトリはいっかいぜつめつしました。それをかんじた
豊岡の人たちは、コウノトリのだけでなく生
き物をいっぱいふやすためコウノトリだけ
でなく人もいっしょにくらしていると思ってコウ
ノトリのすみやすいかんきょう作りをしていること
がわかりぼくはてまひまをかけてでも大切な
ものをとりもどしたい。というけんめいな思い
がわかった。P.S.大切なものとは、豊岡の田んぼ
にすんでいる生き物とコウノトリと昔のような
人たちとコウノトリの中では仲間のようなそんざい
と美しい自ぜんと人の健康など。

資料50

第5章

社会科への思い

私の授業を受ける子供はかわいそう

「私の授業を受けている子供たちは、なんて不幸なんだろう」

この思いを抱いたとき、私ははじめて教師としてのスタート地点に立てたのだろうと思います。

私が教師になったのは昭和５９年。民間企業からの転職組で、２４歳になったばかりでした。

当時は初任者研修も十分にありませんでしたし、よくわからないままに授業をやっていました。

社会科の授業であれば、自分でもたいして明確な意図もないままに、教科書に載っている資料をひとつ指し示して「これはいったい何だ？」と問うていました。するど、そんな新米教師の私の発問でも、子供たちは「ああだ」「こうだ」と言いはじめるわけです。

どれだけ理解しているかわからないけど、おもしろい授業をしている気になっていました。それなりに子供たちもついてきてくれたから、「こんなものなのかな」

と思っていたのです。

それが一転します。他校の教師の社会科の授業を見たときです。自分が日々行っていた授業とはまったく違う風景がそこにはありました。

端的に言うと、当時の私の授業は「みんな違って、みんないい」の授業。一方、私が参観した教師の授業は、正しい理解に基づいた多様な「解釈」を引き出す授業、すなわち「学び」のある授業だったのです。

すっかり凹みました。私はなんてダメな教師なんだ、と。

「うちのクラスの子供は、なんて不幸なんだ」

「毎日、なんてかわいそうなことをしていたんだろう」

「たまたまこの学校に通って、この先生の受けもちのクラスになったら、こんなに豊かに学べるのに…」

「私はどれだけ、一問一答をやっていたか。なんで子供同士が話せるのか…」

凹むだけ凹んで、一息ついたところで、私は発想を変えることにしました。せっかくの「ダメ教師」。私よりも下はいないのです。逆に言えば、上だけを見ることができるんだ、と。

それならば、いろいろなことがうまくできなくても、あるいは、他の教師からすれば些細なことでも、何かひとつ新しいことを身につけることができれば、自分は向上していると信じることができるはず。

いつか絶対にA先生のような授業をやろうと誓いました。

それからというもの、時間を見つけては授業を見に行きました。区の社会科研究会みたいなところに出て行くようになって、教室から学校へ、学校から他校の区へといった調子で、だんだんと視野が広がっていきました。

どんな授業を見ても、「わー、すごい！」「へぇー、そうやるのか！」。はるかに自分のほうが稚拙。稚拙な分、驚きと発見を楽しむことができました。

しかし、現実は思いだけでもなかなか変わりません。どうすればよいか誰も教えてくれないし、貧弱ながらも自分なりにイメージをつくってやってみるのだけど、どうにもうまくいかない日々が続きます。

これは、最近になって思うようになったのですが、「誰も教えてくれない」と思っていた私ですが、誰かから「こうすればいいよ」と言葉で教えてもらったとしても、おそらくうまくはいかなかったんじゃないか、と。

自分なりに試行錯誤して、チャレンジして、失敗して、凹みながらも、ない知恵を絞ってまた実践して……この繰り返しが、結果としてよかったのではないかと思うのです。

「教師の出どころはどこか」子供同士で話をさせようと思えば思うほど、教師である自分自身が一番話をしてしまっていたり、子供の活動に介入してしまったり…。

そこでわかったことがひとつあります。

それは、自分が待てない教師であったことです。そんな自分にいらいらしていたのです。ずいぶん長い時間がかかって、私はようやく「待つことの重要性」に気づくに至りました。

子供は、なぜかわいい？

自分の授業が変わると、子供をよりいっそうかわいく思えるようになります。これがまたおもしろい。

私は、大学時代、毎年夏になると小学校に行って、子供たちのプール指導のアルバイトをしていました。当時、プール指導はいいお金をもらえたのです。「夏休みにがっつり稼いで、遊ぼう」そんな軽い気持ちでした。

4年間も続けられたのは、子供たちがなついてくれたからです。プールが終わった後、私が座っていると、子供たちが集まってきてくれて、とても嬉しかったことを覚えています。

子供のかわいさは、見た目もあるとは思いますが、自分のことを慕ってくれるからそう思えるのです。「澤井せんせーい」って、本当は教師でもなんでもない私を信用してくれるわけですから。

こんな経験が、教師になろうと思ったきっかけのひとつでした。で、実際に教師になって教壇に立った瞬間、愕然とするわけです。「あれ?」と頭の中がハテナマークでいっぱいになる、目をぎゅっとつむって、改めて周囲を見渡して、いま目の前にある光景が現実だと知る、頭を振って冷静になる、「思ってたのとぜんぜん違う」と。

授業にうわの空の子がいる、突然泣き出す子がいる、注意しても繰り返す、忘れ物ばかり。プール指導のアルバイトとは違ったのです。

プール指導の折に私が出会った子供たちは、家庭なり学校なりで礼節を学んだ、大人との距離感がわかっている子供たちだったのでしょう。

公立学校には、いろいろな子がいます。家庭環境、生育歴などさまざまです。現実を思い知らされました。

子供をかわいく思えないと、学校は途端に、苦痛を鍋で煮詰めたような息苦しい職場に早変わりします。

「また、あのギャーギャーうるさい世界に行って、何時間も顔をつきあわせて勉強を教えないといけないのか」

「サザエさん症候群」と言うそうですが、日曜日に「サザエさん」の歌が流れると、「ああ、明日から、また仕事だ」と陰鬱な気持ちになる。金曜日の夜がいちばん幸せ。

そんな日々を送っていた私ですが、しばらくして、あることに気づきます。「授業がちょっとでも変わると、子供たちの反応が変わる」ということに。

言うことをちっとも聞きもしないあの子が、授業で何かいいことを言いだしたりして。「結構いいこと言うじゃないか」と思える瞬間に出合いはじめるわけです。「なんだ、君らは、そんな力を隠しもっていたのか」と。

でも、違うのです。よくよく考えてみたら、子供たちが隠していたわけではありませんでした。教師である私が引き出していなかっただけ。

このことに気づいてからというもの、少々鬱陶しかった子供たちが、かわいく見えるようになります。プール指導員のときに感じた「かわいさ」とは違うかわいさです。

休み時間などに、一緒に遊んでいる子供もかわいいのですが、掃除を一所懸命にやっている、ひたむきにやっている子供もかわいい。だけどいちばんかわいいのは授業中、意欲的に発言する子供がかわいい。真剣に考えている子供がかわいい。教師は「一所懸命に勉強する子供がかわいい」のだと私は知りました。

子供がかわいく思えるようになると、仕事が苦じゃなくなります。むしろ楽しくなります。現金なものです。

明日の授業で驚かせてやろうとか、おもしろいぞとか。それで今まで活躍しなかった子が、ぱっといい意見を言ったりする。それで気がついたのです。

「社会科って、積み上げた知識がなくても子供が活躍できる教科だ。経験、感覚、感性でも発言ができる。それだけでは瞬間的な活躍でしかないかもしれない。だけど、こういう姿が見られれば、その先を教師がうまく引っ張り出して、確かに学ぶ子供にすることができそうだ」そういう教科なんだと思ったのです。

子供のやる気が見えると、教師はさらにがんばるようになる。子供のやる気には、教師のやる気で応えよう、と。

そうして私たちは少しずつ日本人になっていく

日本人の親から生まれれば、私たちは日本の国籍をもつ日本人になります。まだ日本という国の様式を身につけていない、まっさらな日本人です。

そんな私たちは、親や親戚のしつけ、友人や知人とのかかわり、そして学校での教育を通じて、少しずつ日本人になっていきます。

小学校社会科も、その一役を買っています。社会科という教科は、日本人のよさ、ひたむきさを学ぶ教科だからです。

人々の工夫、努力、先人の苦心、願い、課題解決、そんな日本人のよさを、社会のために、ひたむきな生き方のために、努力してきた姿を学ぶという教科です。

明治維新や先の大戦を経て、この国の生活様式はすっかり西洋化しました。しかし、それでもなお、古来の伝統・文化が日常生活のなかに数多く残っている、世界でも希有な国でもあります。言ってみれば、ガラパゴスのようなもの。

たとえ時代遅れと言われようと、この国には、手放そうにも手放せない、意識していなくても大切にしないわけにはいかないものがたくさんあります。

世界のなかの文化的ガラパゴス。そこに日本の価値を見いだしてもいいのではないかと私は思うのです。

誰に言われるわけでもなく、（無意識的にかもしれませんが）頑固に守ってきたものです。それは私たちの心のなかにみんなもっています。普段は口にしなくても、ひとたび言葉に表せられれば、瞬時に共鳴し合うことができます。たとえば「絆」。

痛ましい被害をもたらした東日本大震災。目に見える略奪はなく、秩序を保ち、「絆」で結束する、そんな日本人を再確認した出来事でもありました。

社会科で子供たちに教えようとしているのは、まさにそうした人間のひたむきな姿であり生き方です。「君たちもそうやって生きていいんだよ」と遠巻きに教えているのです。

＊

たとえば農業であれば、効率化を推し進め、生産性を高めている工夫について学びながら、もう一方で、農家で働く人のプライド、こだわり、やりがいといった、目には見えない日本人の内なる姿から学んでいるのです。

先日、農業の新しい取組を模索している農業関係者から話を聞く機会がありました。いろいろと話をうかがっていると、逆に質問が返ってきました。

「澤井さんは、なぜ日本の農作物が海外で評判がよいのかわかりますか？」

私が答えを探していると、彼はこう言いました。「ものづくりの精神ですよ」

「日本の農業には、ものづくりの精神がある。諸外国の農業は、種をまいてできたら売る、平米当たり〇トンつくる。日本の農作物は『製品としての規格』をまず決めて、それに向けてつくる作業がある。規格からはずれたら売らない。規格を変えたら、つくり方まで変える。ゴールをしっかりイメージしてものづくりをしている日本の農作物が、諸外国に負けるわけがない」彼はそう言って笑っていました。

こんな自負をもった人々がいるのです。

＊

「朝、起きると、小松菜の声が聞こえます」

地域学習で出会った、あるおじさんは、子供たちにそう言いました。小松菜をつくっている農家の方です。

子供たちも私もつい笑ってしまいました。しかし、よくよく話を聞いてみれば、笑うような話ではなかったのです。

「小松菜の声を聞きながら、その顔色をうかがいながら、毎日水のあげ方を変えてるんですよ」

おじさんの工夫と努力を目の当たりにした子供たちは、「小松菜づくり」をプロセス的にではなく情意的にまとめていました。

しかし、そこは社会科です。このおじさんの考え方の「尊さ」を学ばせているわけではありません。地域の生産活動の意味、そこに一所懸命かかわる人々の営みが、私たちの食卓をつないでいる、その点について学びを深めていきます。

このような日本人の生きた教材を目の当たりにできる、だからこそ、結果として子供たちの心が育つのです。

社会科のすばらしい授業を受けている子供たちのクラスの子供たちには、真の豊かな心が育っているのです。

おわりに

1　社会科の先生は何でこんなにいいやつが多いのか

私は、よくこう思うのです。

「社会科の先生って、何でこんなにいいやつ（失礼！）が多いのかな」って。

教材研究は大変だし、そのための資料もつくらないといけないし、ときには遠くまで取材に行くことだってある、「面倒くさい教科だよなぁ」と思う先生がいるのも無理からぬことだと思います。

そもそも社会科って何をすればいいのかよくわからないし、それだったら国語や算数をもっと一所懸命やったほうがいいかな、と思う先生もいるでしょう。

ただ、そうした、「何をしていいのかよくわからない」社会科の「面倒」を一度本気になってチャレンジしてみる、そのうえで授業を重ねていくと、今まで味わうことができなかったような瞬間に出合えるのも社会科です。

今まで、勉強が苦手でふてくされていた子が、生き生きと発言しはじめたり、大人しいからなのか何を考えているかよくわからない子が、実は物事を深く感じ考え

ているこ とがわかったり、ギクシャクしていたクラスの雰囲気が、いつの間にか和気あいあいとした雰囲気に変わっていたり…。社会科の授業いかんで、こんなに子供が変わるのか、クラスがよくなるのかを体感したとき、教師自身の授業観、仕事観が変容します。これは、社会科にハマる先生の多いパターンでもあります。

こうしたことを既に知っている先生は、意欲の塊みたいなところがあります。ただただ情熱が空回りしてしまう先生もいたりするのですが、それはそれでまたいいじゃないですか。情熱が空回りするということは、その先生は損得勘定抜きで仕事をしていることの裏返しでもありますから。

クールでドライ、効果的で効率的な世界では息が詰まってしまうような人々です。だから、余計なことがものすごく多い。人間くさい連中が多くの時間を使いながら、子供たちの学びについて考えている。平日の夜や土曜日にやる社会科の研究会です。このような教師たちにはすごい情熱がある、子供たちのよりよき学びを実現するために労力を惜しまない性根があるのです。

たとえば、全国の市町村単位の社会科の副読本。これらは社会科部の先生たちがつくっていることが多いのです。テストをつくっている例もあります。いろいろな学校のために、自分たちの足で地域を歩いて写真を撮ってきて、試行錯誤しながらつくっています。しかも、報酬なんかなしで、たとえ誰からも感謝されなかったとしても、労力を惜しみません。

ひとつの授業をやるのだって、身銭を切って現地まで行って、写真を撮ったり、現地の人たちからいろいろな話を聞き出して、さらに仲よくなったりして、一緒に酒を飲んで、1泊して、翌朝には出勤して授業に臨んでいたりします。

決して「身銭を切って一泊して」などということを奨励しているわけではありません。全国にそういう先生が数多くいるということを知ってほしいのです。

教師には、あふれ出てくる人間味が大切だと思います。無駄かもしれないことでも、懸命に取り組む人たちが子供の前に立つということが大事なのです。

昔からこんな言い方があります。

先生というのは、すき間だらけ、穴ぼこだらけ、完璧とはほど遠い存在。だけれども大きい人。

粗いと言えば粗い、緻密さがないと言われれば恐縮するほかない。しかし、何事も本気で考えて、体を張っているからこそ、子供たちも、穴ぼこだらけ、隙間だらけの先生の存在を認めるのだと思います。

「先生って、よく失敗するよな」と子供たちもあきれ顔。だけれども「いっつも一所懸命だよな」「私たちを包んでくれているよね」と感じてくれている、そんな先生が社会科にはとても多いと私は思うのです。

2 大人たちにも必要な社会科の授業

偉そうにばかり言ってますが、私自身、小学校の社会科と言えば、白地図に色塗りした記憶しかありません。色を塗るのは上手になったのだけど、何を学んだのかさっぱり思い出すことができません。

実社会に生きる大人たちは、おそらく算数や国語の授業であれば何となくイメージできると思います。しかし、「いま」の社会科の授業はイメージできないのではないでしょうか。せいぜい鎌倉幕府の生まれた年を暗記したとか、あるいは私のように白地図に色塗りばかりしていたという程度でしょう。

しかし、いま学校の教育現場でやろうとしている社会科は、まったく違うのです。だから、社会科の授業をたくさん見てもらいたいし、社会科がどれだけ子供を育てているかということを知ってもらいたいと思っています。

課題を解決しながら生きていく、実社会を対象にしっかりとものごとを調べていく、そこには人間の努力する姿、誠実な姿があったり、諦めない精神があります。

あるいは、チームワークがあったり、ネットワークがあったり、絆があったりするのです。こうしたことを子供だけに学ばせるのはもったいない。今の大人たちにも有益な学びが小学校の社会科にはあるのです。

「子供のころ、こんな社会科の授業を受けていたらもっと違う人間になったかもしれない」私の知り合いがそう言ったことがあります。「でも、おかげで社会科が本当はどういう教科なのかよくわかりました」とも。

授業参観でもいいのです。ぜひ多くの方々にすばらしい社会科の授業をたくさん見てもらいたいと願っています。

澤井陽介（さわい・ようすけ）

文部科学省初等中等教育局教育課程課　教科調査官
国立教育政策研究所　教育課程調査官

昭和35年・東京都生まれ。社会人のスタートは民間企業。その後、昭和59年から東京都で小学校教諭、平成12年から都立多摩教育研究所、八王子市教育委員会で指導主事、町田市教育委員会で統括指導主事、教育政策担当副参事を経て、平成21年７月から現職。

平成25年度から、月刊『初等教育資料』（東洋館出版社）編集長。

《主な著書》単著『小学校社会　授業改善の５つのフォーカス』図書文化社、2013年７月、共著『ステップ解説　社会科授業のつくり方』東洋館出版社、2014年１月、編著『かんたん・できる教師の評価術　小学校社会科編』東洋館出版社、2011年７月、ほか多数。

澤井陽介の
社会科の授業デザイン

2015（平成27）年３月１日　初版第１刷発行
2023（令和５）年10月19日　初版第16刷発行

著　者　澤井陽介
発行者　錦織圭之介
発行所　株式会社　東洋館出版社
〒101-0054　東京都千代田区神田錦町２丁目９番１号
コンフォール安田ビル２階
代　表　電話 03-6778-4343／FAX 03-5281-8091
営業部　電話 03-6778-7278／FAX 03-5281-8092
振替　00180-7-96823
URL　https://www.toyokan.co.jp
装　幀　中濱健治
印刷・製本　藤原印刷株式会社

ISBN978-4-491-03086-9　Printed in Japan